Pluspunkt Deutsch

3

Kursbuch

Cornelsen

Pluspunkt Deutsch 3
Kursbuch
Der Integrationskurs
Deutsch als Zweitsprache

Im Auftrag des Verlages erarbeitet von Dr. Joachim Schote

In Zusammenarbeit mit der Redaktion:
Dagmar Garve (verantwortliche Redakteurin)
Dr. Gunther Weimann (Projektleitung)
Lektorat: Dieter Maenner (Frankfurt)

Beratende Mitwirkung: Dr. Friederike Jin (Goethe-Institut, Frankfurt),
Andreas Klepp (VHS Braunschweig), Ulrich Linberg (Caritasverband Neuss e.V.),
Birgit Wolandt-Pfeiffer (Caritasverband Neuss e.V.)

Illustrationen: Laurent Lalo
Umschlaggestaltung und Layoutkonzept: Katrin Nehm
Layout und technische Umsetzung: Satzinform, Berlin
Umschlagfotos: Olympiapark in München, Visum: © Grieshaber;
Personenfotos © Thomas Schulz

Weitere Kursmaterialien:
Arbeitsbuch 3 (214508)
Audio-CD 3 (209520)
Handreichungen für den Unterricht 3 (209539)

 http://www.cornelsen.de

1. Auflage   Druck 4 3 2 1   Jahr 08 07 06 05

Alle Drucke dieser Auflage sind inhaltlich unverändert und können im Unterricht
nebeneinander verwendet werden.

Druck: CS-Druck CornelsenStürtz, Berlin

ISBN 3-464-20951-2

Bestellnummer 209512

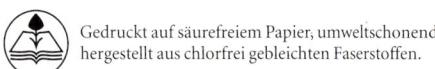 Gedruckt auf säurefreiem Papier, umweltschonend
hergestellt aus chlorfrei gebleichten Faserstoffen.

Pluspunkt Deutsch auf einen Blick

Pluspunkt Deutsch 3 ist der Abschlussband des dreibändigen Deutschlehrwerks, das speziell auf die Bedürfnisse und Erwartungen von Zugewanderten in Integrationskursen zugeschnitten ist. Der Band 3 führt zur Niveaustufe B1 des Gemeinsamen Europäischen Referenzrahmens und bereitet auf das Zertifikat Deutsch vor.

Das **Kursbuch Pluspunkt Deutsch 3** enthält zwölf Lektionen, drei fakultative Abschnitte *Pluspunkt extra* sowie einen Anhang.
Der Lernstoff der Lektionen ist unterteilt in thematische Blöcke. Diese enthalten abwechslungsreiche Texte, Dialoge und Übungen sowie Infokästen und Übersichten über die eingeführte Grammatik und Lerntipps.
In den Lektionen stehen Themen des alltäglichen Lebens und ihre sprachliche Bewältigung im Vordergrund.
Das kommunikative, thematische und grammatische Curriculum des Lehrwerks orientiert sich am Gemeinsamen Europäischen Referenzrahmen, wobei der Lernstoff Schritt für Schritt und praxisnah eingeführt wird.
Um die Sprachhandlungsfähigkeit der Lernenden kontinuierlich zu entwickeln, werden die Grundfertigkeiten Sprechen, Hörverstehen, Leseverstehen und Schreiben systematisch trainiert.
Die beiden Seiten *Alles klar?* am Schluss jeder Lektion können als kleine „Zwischenkontrolle" angesehen werden und bieten die Möglichkeit, den Lernstoff einer Lektion zu festigen.

Die *Pluspunkt extra*-Seiten nach Lektion 4 und 8 beinhalten literarische Texte, *Pluspunkt extra 3* nach Lektion 12 einen Modelltest für das Zertifikat Deutsch.

Darüber hinaus enthält mit Ausnahme von Lektion 12 jede Lektion mindestens eine Übung zur Zertifikatsvorbereitung.

Der Anhang von **Pluspunkt Deutsch 3** umfasst
– eine Zusammenfassung der Grammatik für jede Lektion,
– eine alphabetische Wortliste mit den jeweiligen Fundstellen im Buch,
– eine Liste der unregelmäßigen Verben,
– eine Liste der Verben mit Präpositionen und
– die Hörtexte, die nicht in den Lektionen abgedruckt sind.

Das **Arbeitsbuch** unterstützt die Arbeit mit dem Kursbuch. Die Wiederholung ist ein wesentlicher Bestandteil des Sprachlernprozesses und hat im Konzept von **Pluspunkt Deutsch** einen hohen Stellenwert. Das Arbeitsbuch enthält ein umfangreiches und vielfältiges Übungsangebot zu den Lektionen des Kursbuchs. Es ermöglicht Kursleiterinnen und Kursleitern auf die individuellen Bedürfnisse und Fähigkeiten der Lernenden einzugehen. Wortschatz und Grammatik sowie die vier Fertigkeiten können also gezielt und binnendifferenziert geübt werden. Die Vokabeln des Kursbuchs mit Hinweisen zur Aussprache finden Sie auf den letzten Seiten der Arbeitsbuchlektionen in der Reihenfolge ihres ersten Auftretens. Die Lernenden können in den Schreibzeilen die Übersetzungen in ihrer Muttersprache eintragen.

Die **Audio-CD** enthält die Hörtexte aus dem Kurs- und Arbeitsbuch.

In den **Handreichungen für den Unterricht** finden Kursleiterinnen und Kursleiter Tipps für den Unterricht und eine Fülle von Vorschlägen, die als Ausgangspunkt für Differenzierungsmaßnahmen in heterogenen Kursen dienen können. Zusätzliche Kopiervorlagen erleichtern die Unterrichtsvorbereitung.

Unter www.cornelsen.de/pluspunkt gibt es für die Arbeit mit **Pluspunkt Deutsch** Zusatzmaterialien, Übungen und didaktische Tipps sowie interessante Links zur Auflockerung des Unterrichts.

Viel Spaß und Erfolg mit **Pluspunkt Deutsch** wünschen Ihnen der Autor und der Cornelsen Verlag!

Symbole

 Der Text ist auf CD zu hören.

schriftliche Übung im Heft

Sie arbeiten im Kurs.

Sie arbeiten zu zweit.

☞ 142 Auf Seite 142 finden Sie die Grammatik im Überblick.

Inhalt

Kommunikation   Grammatik

Inhalt	Kommunikation	Grammatik

Inhalt	Kommunikation	Grammatik

Unsere Kinder und wir

A Menschen und ihre Familien

1 Sehen Sie sich die Fotos an. Ordnen Sie die Angaben den Personen zu.

> Martha Wiedemann ist 68 Jahre alt und Rentnerin.

> Ich vermute, dass ihre Söhne weit weg wohnen.

Martha Wiedemann, 68 Jahre

a

Alexander Antoni, 42 Jahre

b

Karin Schmidt, 29 Jahre

c

[b] verheiratet, drei Kinder

☐ Kinder kommen selten zu Besuch

☐ Ausbildung als Informatiker, jetzt Webdesigner

☐ zwei Kinder (zwei und vier Jahre)

☐ Hausfrau, Ausbildung als Buchhändlerin

☐ hat viel Stress im Beruf

☐ zwei Söhne, vier Enkel

☐ hat nach dem ersten Kind den Beruf aufgegeben

☐ die Kinder wohnen weit weg

2 a) **Frau Wiedemann, Herr Antoni und Frau Schmidt erzählen über ihr Leben. Waren Ihre Vermutungen in Aufgabe 1 richtig?**

b) **Hören Sie die Texte noch einmal. Was sagen die drei Personen außerdem? Machen Sie Notizen und berichten Sie.**

Martha Wiedemann: fühlt sich ab und zu einsam, …
Alexander Antoni: seit sechs Jahren in Deutschland, …
Karin Schmidt: will wieder arbeiten, …

 3 **Erzählen Sie über sich selbst. Benutzen Sie die Stichpunkte im Kasten.**

Wie lange in Deutschland?	Wie lange schon Deutsch gelernt?	verheiratet/ledig?
Kinder? Beruf?	viel/wenig Zeit für Kinder und Familie?	
Wo gearbeitet?	Wann zuletzt gearbeitet?	Hobbys?

1 Lesen Sie die Texte aus dem Internetforum.
Worüber diskutieren die drei Frauen?

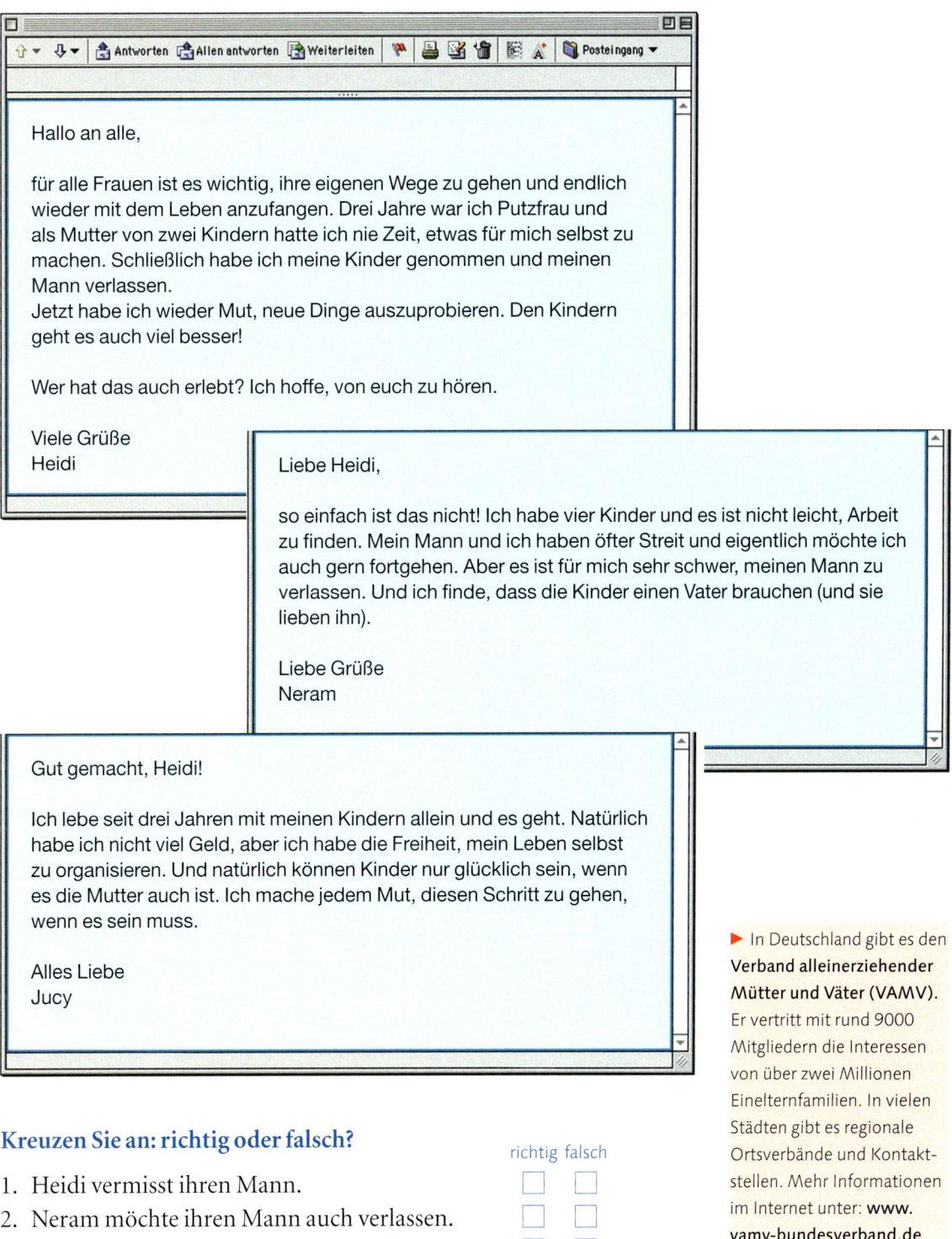

Antworten | Allen antworten | Weiterleiten | Posteingang

Hallo an alle,

für alle Frauen ist es wichtig, ihre eigenen Wege zu gehen und endlich
wieder mit dem Leben anzufangen. Drei Jahre war ich Putzfrau und
als Mutter von zwei Kindern hatte ich nie Zeit, etwas für mich selbst zu
machen. Schließlich habe ich meine Kinder genommen und meinen
Mann verlassen.
Jetzt habe ich wieder Mut, neue Dinge auszuprobieren. Den Kindern
geht es auch viel besser!

Wer hat das auch erlebt? Ich hoffe, von euch zu hören.

Viele Grüße
Heidi

Liebe Heidi,

so einfach ist das nicht! Ich habe vier Kinder und es ist nicht leicht, Arbeit
zu finden. Mein Mann und ich haben öfter Streit und eigentlich möchte ich
auch gern fortgehen. Aber es ist für mich sehr schwer, meinen Mann zu
verlassen. Und ich finde, dass die Kinder einen Vater brauchen (und sie
lieben ihn).

Liebe Grüße
Neram

Gut gemacht, Heidi!

Ich lebe seit drei Jahren mit meinen Kindern allein und es geht. Natürlich
habe ich nicht viel Geld, aber ich habe die Freiheit, mein Leben selbst
zu organisieren. Und natürlich können Kinder nur glücklich sein, wenn
es die Mutter auch ist. Ich mache jedem Mut, diesen Schritt zu gehen,
wenn es sein muss.

Alles Liebe
Jucy

► In Deutschland gibt es den
**Verband alleinerziehender
Mütter und Väter (VAMV)**.
Er vertritt mit rund 9000
Mitgliedern die Interessen
von über zwei Millionen
Einelternfamilien. In vielen
Städten gibt es regionale
Ortsverbände und Kontakt-
stellen. Mehr Informationen
im Internet unter: **www.
vamv-bundesverband.de**

2 Kreuzen Sie an: richtig oder falsch?

richtig falsch

1. Heidi vermisst ihren Mann. ☐ ☐
2. Neram möchte ihren Mann auch verlassen. ☐ ☐
3. Jucy ist froh, ihre Kinder allein zu erziehen. ☐ ☐

3 Kindererziehung mit oder ohne Vater? Diskutieren Sie Vorteile und Nachteile.

> Wenn Frauen die Kinder alleine erziehen, sind sie freier.

> Aber die Kinder brauchen doch einen Vater.

> Wenn die Eltern oft Streit haben, sind die Kinder nicht glücklich.

Ich finde es gut / nicht gut, wenn …
Ich finde/meine/denke, dass …
Ich bin der Meinung, dass …
Meiner Meinung nach …

☺ Da haben Sie / hast du Recht. – Das meine ich auch.
🙂 Ja, das ist möglich. – Gut, aber …
☹ Da haben Sie / hast du nicht Recht. – Das finde ich nicht.

B2 Der Infinitiv mit *zu*

1 a) Unterstreichen Sie in den Texten von B1.1 alle Infinitive mit *zu*.

b) Ergänzen Sie die Regel.

Das Verb im Infinitiv steht am Satz_____ .
_Zu_ steht bei den meisten Verben _____ dem Infinitiv.

2 a) In der Nachricht von Heidi (B1.1) finden Sie zwei trennbare Verben. Schreiben Sie die Verben in die Grafiken. Wo steht hier *zu*?

b) Ergänzen Sie die Regel.

Bei trennbaren Verben steht _zu_ _____ der Vorsilbe und dem Infinitiv des Stammverbs.

☞ 142/143

3 Aussagen über Eltern, Kinder und Familien. Was meinen Sie? Verbinden Sie die Sätze und diskutieren Sie über die Aussagen.

Für die Kinder ist es besser, ⬚1
Eltern, die viel arbeiten, haben oft wenig Zeit, ⬚2
Manchmal ist es schwer, ⬚3
Viele Eltern versuchen, ⬚4
Es ist heute nicht mehr üblich, ⬚5
Viele ältere Leute wünschen sich, ⬚6
Die Mütter von kleinen Kindern wünschen sich oft, ⬚7

⬚a sich um die Kinder zu kümmern.
⬚b den Kindern Grenzen zu setzen.
⬚c ihre Kinder öfter zu sehen.
⬚d etwas anderes als Haushalt zu machen.
⬚e die Kinder zu schlagen.
⬚f strenger zu sein.
⬚g mit Geschwistern aufzuwachsen.

 **4** **Schreiben Sie Sätze mit dem Infinitiv mit *zu*.**

1.
ich – haben – keine
Zeit – ins Kino gehen

4.
viele Deutschlerner –
Probleme haben –
sich die Adjektiv-
deklination merken

2.
die Kinder – keine
Lust haben – Haus-
aufgaben machen

5.
du – dürfen – Herrn
Schmidt – nicht
vergessen – anrufen

3.
Laura und Lukas –
versuchen – einen
Kuchen backen

6.
Peter und Brigitte –
sich freuen – in den
Urlaub fahren

5 **Das Dreisatz-Spiel**

a) **Spielen Sie im Kurs: A wiederholt dreimal den gleichen Satzanfang.**
   B ergänzt auf drei verschiedene Arten. Dann spielt B mit C usw.

b) **Spielen Sie den Dreisatz auch mit anderen Satzanfängen.**

Ich habe keine Lust, … – Es ist manchmal schwer, … – Du darfst nicht vergessen, …

C **Ein Interview**

1 Sehen Sie sich das Foto an.

a) Beschreiben Sie die Person.

b) Stellen Sie Vermutungen an.
Die Fragen helfen Ihnen.

– Woher kommt sie?
– Wie lange lebt sie in Deutschland?
– Ist sie verheiratet?
– Hat sie Kinder?
– Ist sie glücklich?

c) Sammeln Sie Ihre Vermutungen an der Tafel.

> Ich glaube, dass … Möglicherweise kommt sie aus … Ich vermute, sie …
> Ich denke, sie … Wahrscheinlich lebt sie seit … Es ist auch möglich, dass …

2 Hören Sie nun das Interview. Waren Ihre Vermutungen richtig?

3 Hören Sie das Interview noch einmal. Was ist richtig, was ist falsch?

	richtig	falsch
1. Frau Rivera hat in Deutschland Arbeit gefunden.	☐	☒
2. Frau Rivera findet, dass es in Deutschland bei Jugendlichen viele Probleme mit Alkohol gibt.	☐	☒
3. Die älteste Tochter konnte am Anfang in Deutschland kein Deutsch.	☒	☐
4. Die Kinder haben viele Hobbys.	☒	☐
5. In der Familie spricht man nur Spanisch.	☐	☒
6. Der Mann von Frau Rivera ist oft zu Hause und kümmert sich um die Kinder.	☒	☐
7. Familie Rivera hat feste Regeln für die Erziehung.	☒	☐
8. Frau Rivera findet, dass der Kontakt zwischen Eltern und Kindern in Deutschland gut ist.	☐	☒

4 Die Familie in Deutschland und in Ihrem Heimatland. Vergleichen Sie.
Fragen Sie sich gegenseitig und erzählen Sie im Kurs.

– Wer kümmert sich um die Kinder?
– Welche Regeln gibt es für die Erziehung?
– Was dürfen Kinder, was dürfen sie nicht?

> Bei uns kümmert sich die Frau um die Kinder.

D Ein Elternabend in der Schule

1 Was denken Sie? Worüber sprechen die Eltern auf einem Elternabend mit dem Lehrer / der Lehrerin? Sammeln Sie Stichpunkte.

Klassenfahrt, Zeugnisse, Stundenplan, Noten, ...

2 Zwei Mütter sprechen über einen Elternabend. Hören und lesen Sie das Gespräch zweimal. Ergänzen Sie die fehlenden Wörter (= Modalpartikel) aus dem Kasten.

☞ 143

| übrigens | ja | genau | mal | also | wirklich |
| sicher | wohl | eben | denn | aber | doch | schon |

+ Sabine Lehnhardt.

– Guten Tag, Frau Lehnhardt. Hier spricht Hilde Schlenzig, die Mutter von Doris. Ich rufe wegen dem Elternabend gestern an.

+ Ja, ich war da.

– Ich hatte __ja / wirklich__ keine Zeit und darum wollte ich Sie __mal__ fragen, was Sie besprochen haben.

+ Ja, __also__, zuerst waren die vielen Stundenausfälle natürlich ein wichtiges Thema.

– Das ist __schon__ ärgerlich und ich bin sehr unzufrieden.

+ __genau / ja__, ich auch, aber es gibt __eben / wohl__ zu wenig Lehrer, die vertreten können.

– Na ja, so ist das __eben / wohl__. Hoffentlich schreiben die Elternsprecher einen Protestbrief an die Schulbehörde. Haben Sie __übrigens / denn__ auch über die Klassenfahrt in vier Wochen gesprochen?

+ Ja, vor allem über das Geld. Einige Eltern können das nämlich nicht bezahlen.

__übrigens / genau__, zwei Kinder dürfen nicht mitfahren.

– Das ist __aber__ schade! Eine Klassenfahrt ist __doch__ eine schöne Sache.

+ __Sicher__, aber manche glauben, dass ihre Kinder da Alkohol trinken und so. Und dann kann natürlich einiges passieren.

– Und der neue Deutschlehrer? Haben Sie auch über den gesprochen? Doris sagt, dass er ziemlich ungerecht ist.

+ __Genau__ ! Am Ende haben wir darüber noch gesprochen. Frau Wehrle, die Klassenlehrerin, will mit dem Lehrer und der Klasse reden.

– Das ist eine gute Nachricht. Dann vielen Dank für Ihre Auskünfte, Frau Lehnhardt! Auf Wiederhören!

+ Auf Wiederhören!

3 Lesen Sie den Dialog zweimal: einmal mit und einmal ohne Modalpartikel. Was ist anders?

4 Was geben Modalpartikel an? Lesen Sie den Dialog noch einmal und kreuzen Sie an.

	ja	mal	wohl	eben	denn	aber	doch	schon
Interesse/Neugier	☐	☐	☐	☐	☐	☐	☐	☐
Überraschung	☐	☐	☐	☐	☐	☐	☐	☐
Das ist nur eine Bitte/Frage, mehr nicht.	☐	☐	☐	☐	☐	☐	☐	☐
Vermutung	☐	☐	☐	☐	☐	☐	☐	☐
Da kann man nichts machen.	☐	☐	☐	☐	☐	☐	☐	☐
Das wissen wir beide.	☐	☐	☐	☐	☐	☐	☐	☐
Das ist nicht falsch, aber …	☐	☐	☐	☐	☐	☐	☐	☐
Das ist sicher und das wissen alle.	☐	☐	☐	☐	☐	☐	☐	☐

5 a) Machen Sie Notizen und erzählen Sie im Kurs.

– Kennen Sie Kinder, die schon einmal eine Klassenfahrt gemacht haben?
– Waren Ihre Kinder schon einmal auf einer Klassenfahrt?
– Wohin sind sie gefahren?
– Was war schön, was war weniger schön?
– Welche Erfahrungen haben sie gemacht?
– Hat es Probleme gegeben?

▶ In Deutschland machen Schüler ab der dritten oder vierten Klasse Klassenfahrten. Die Klasse reist für einige Tage an einen anderen Ort und wohnt in Jugendherbergen oder Schullandheimen. Klassenfahrten gehören zum Unterricht. Bei Städtereisen zum Beispiel lernen die Schüler etwas über Geschichte und Landeskunde. Außerdem sollen Klassenfahrten die Kontakte zwischen den Schülern verbessern. Es gibt auch Auslandsreisen, zum Beispiel nach England oder Frankreich, bei denen die Schüler in Gastfamilien wohnen, damit sie die Fremdsprache besser lernen.

b) Gibt es Ihrer Meinung nach Argumente gegen eine Klassenfahrt?

E Erziehungsgeld

1 Lesen Sie die Informationen zum Erziehungsgeld
und beantworten Sie die Fragen.

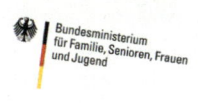

Erziehungsgeld

▶ Mütter und Väter können bis zu 300 Euro Erziehungsgeld monatlich bekommen, wenn ihr Kind nicht älter als zwei Jahre ist.

▶ Man darf bis zu 30 Stunden pro Woche arbeiten. Auch wenn man studiert oder eine Ausbildung macht, kann man Erziehungsgeld bekommen.

▶ Eltern mit ausländischer Staatsangehörigkeit erhalten Erziehungsgeld, wenn sie eine Aufenthaltsberechtigung oder eine Aufenthaltserlaubnis besitzen.

▶ Für das Erziehungsgeld gibt es Einkommensgrenzen: 30 000 Euro im Jahr in den ersten sechs Lebensmonaten für verheiratete und nicht verheiratete Paare, die zusammenleben. Alleinerziehende dürfen maximal 23 000 Euro im Jahr verdienen.

▶ Ab dem siebten Lebensmonat liegen die Grenzen bei 16 500 Euro und für Alleinerziehende bei 13 500 Euro jährlich.

▶ Wenn in der Familie noch andere Kinder leben, liegen die Einkommensgrenzen um maximal 3140 Euro pro Kind höher.

1. Wer bekommt Erziehungsgeld?
2. Wie hoch ist das Erziehungsgeld maximal?
3. Wie lange kann man Erziehungsgeld bekommen?
4. Wie viele Stunden darf man pro Woche
   arbeiten, wenn man Erziehungsgeld bekommt?

▶ Die Broschüre zum Erziehungsgeld und Kindergeld können Sie kostenlos bestellen: im Internet unter www.bmfsfj.de oder telefonisch unter 01 80 / 532 93 29.

▶ Sechs Wochen vor und acht Wochen nach der Geburt eines Kindes hat die Mutter **Mutterschutz**, d.h. in dieser Zeit arbeitet sie nicht. Sie erhält Mutterschaftsgeld. Anschließend können die Eltern bis zu drei Jahren **Elternzeit** beantragen. Dies ist ein Sonderurlaub für maximal drei Jahre, den die Mutter oder der Vater für Kinder bekommen kann, die nicht älter als acht Jahre sind.
Das **Kindergeld** gibt es für alle Kinder bis zum 18. Lebensjahr, für Kinder in der Ausbildung bis zum 27. Lebensjahr. Die Anträge stellt man bei der Familienkasse.

Alles klar?

 1 **Ein Freund / Eine Freundin möchte mehr über die Kindererziehung in Ihrem Heimatland wissen. Schreiben Sie einen Brief und beantworten Sie die Fragen.**

1. Wie viele Kinder hat eine Familie im Durchschnitt?
2. Wer kümmert sich um die Kinder?
3. Welche Regeln gibt es für die Erziehung?
4. Was passiert, wenn sich die Kinder nicht an die Regeln halten?
5. In welchem Alter verlassen die Kinder das Elternhaus?

30. April 2005

Liebe(r) ...,

gerne schreibe ich dir etwas über die Kindererziehung in meinem Heimatland. Bei uns ...

 2 **Schreiben Sie fünf Regeln für die Erziehung auf, die Sie wichtig finden. Vergleichen Sie Ihre Ergebnisse im Kurs.**

3 **Machen Sie aus den Nebensätzen Sätze mit dem Infinitiv mit *zu*.**

Beispiel:
Es ist schön, dass wir wieder hier sind. → Es ist schön, wieder hier zu sein.

1. Es ist ärgerlich, wenn man immer Fehler macht.

   _____

2. Es ist schlimm, dass man so oft von Krieg und Gewalt hört.

   _____

3. Ahmed hat versprochen, dass er heute Abend kommt.

   _____

4. Es freut mich, dass ich Ihnen eine positive Antwort geben kann.

   _____

5. Denk daran, dass du die Kinder von der Schule abholen musst.

   _____

6. Es ist gefährlich, wenn man auf der Autobahn zu schnell fährt.

   _____

4 Ergänzen Sie die Sätze mit dem Infinitiv mit *zu*.

1. Es ist leicht, _____

2. Es ist unmöglich, _____

3. Es ist langweilig, _____

4. Es macht Spaß, _____

5. Man darf nie vergessen, _____

6. Man sollte immer daran denken, _____

5 **a)** Welche Modalpartikel passen am besten? Ergänzen Sie.
Lesen Sie danach die Sätze laut.

mal – denn – schon – ja – ~~aber~~ – wirklich – doch

1. Der Pullover ist _____ *aber* _____ teuer! Er kostet 100 Euro!

2. Du kommst aus Luttum? Wo ist das _____ denn _____ ?

3. Darf ich bitte _____ mal _____ dein Wörterbuch haben?

4. Heute Abend ist _____ doch _____ das Fußballspiel. Gehst du hin?

5. Das kann _____ schon _____ sein, aber ganz sicher bin ich nicht.

6. Sind Sie _____ wirklich _____ schon 45? Sie sehen _____ ja _____ viel jünger aus!

b) Spielen Sie kleine Dialoge mit Modalpartikeln.

+ Du kommst aus …? Wo ist das denn?
– Das ist in …

+ Das ist Couscous? Das schmeckt aber gut!
– Ja, das ist eine Spezialität aus meinem Land.

6 Ordnen Sie die Erklärungen den Begriffen zu.

a Mutterschutz   b Kindergeld   c Elternzeit

1. b bekommt man für jedes Kind bis zum Alter von 18 Jahren.

2. a beginnt sechs Wochen vor der Geburt und endet acht
Wochen nach der Geburt von einem Kind. In dieser Zeit
müssen (und dürfen) Frauen nicht arbeiten, bekommen aber
weiter ihr Gehalt.

3. c ist ein Sonderurlaub, den die Mutter oder der Vater für
Kinder bekommen kann, die nicht älter als acht Jahre sind.
Maximal sind drei Jahre möglich.

A Sympathisch und unsympathisch

1 a) Sehen Sie sich die Zeichnung an und beschreiben Sie die Situation.

b) Ein Mann und eine Frau reden über die Personen an der Bushaltestelle.
Hören Sie das Gespräch zweimal. Ordnen Sie die Aussagen den Personen zu.

Text 1: _Person a_   Text 3: _c_   Text 5: _f_

Text 2: _e_   Text 4: _b_   Text 6: _d_

c) Hören Sie die Aussagen noch einmal. Welche Personen finden der Mann und
die Frau sympathisch, welche finden sie unsympathisch?

2 Die Adjektivdeklination im Dativ. Ergänzen Sie die Adjektivendungen und die Regel. ☞ 144/145

	bestimmter Artikel	unbestimmter Artikel
maskulin	mit dem groß_____ Rucksack	mit einem groß_____ Rucksack
feminin	mit der schick_____ Sporttasche	mit einer schick_____ Sporttasche
neutral	in dem blau_____ Kleid	in einem blau_____ Kleid
Plural	mit den hell_____ Haaren	mit hell_____ Haaren

**Nach dem bestimmten und dem unbestimmten Artikel und im Plural hat das Adjektiv im
Dativ immer die Endung _____ .**

3 Beschreiben Sie die Personen auf der Zeichnung.

Links steht eine Frau mit einer schicken Sporttasche. Sie sieht sehr fröhlich aus.
Rechts steht ein Mann mit einem großen Rucksack. Er scheint gute Laune zu haben. ...

rechts
links
in der Mitte
neben

4 Fragen Sie sich gegenseitig und antworten Sie. Wen finden Sie sympathisch, wen nicht?

Wie findest du die Frau mit dem großen Geschenk?

Gefällt dir der Mann in der Mitte?

Die Frau mit dem großen Geschenk ist mir sympathisch.

Meinst du den Mann mit dem wilden, blonden Haar? Der gefällt mir nicht.

5 Hören Sie die Sätze und ergänzen Sie die Adjektivendungen.

☞ 144

1. Männer mit gepflegt_____ , kurz_____ Bart finde ich attraktiv.
2. Im Fitnessstudio gibt es viele Leute mit sportlich_____ Figur.
3. Frauen mit lang_____ Haar mag ich besonders gern.

Adjektivdeklination im Dativ Singular – ohne Artikel	
maskulin	mit kurz_____ Bart
feminin	mit sportlich_____ Figur
neutral	mit lang_____ Haar

 6 Welche Leute gefallen Ihnen? Erzählen Sie. Benutzen Sie die Wörter aus den Kästen.

Leute Frauen Männer

gepflegt hübsch gut jugendlich schick dunkel blond schlank kräftig muskulös sportlich blond schwarz

Haar Gesicht Aussehen Figur Bart Kleidung Körper

Leute mit sportlicher Kleidung gefallen mir.

Männer mit schwarzem Haar finde ich interessant.

Frauen mit einem modischen Aussehen mag ich.

B Wie wirke ich auf andere Menschen?

1 a) Lesen Sie die Tipps und kreuzen Sie an. Was ist Ihrer Meinung nach wichtig, was ist weniger wichtig, was ist falsch?

Hier finden Sie zwölf Tipps, die Ihnen helfen können, positiv auf andere Menschen zu wirken.

	wichtig	weniger wichtig	falsch
1. Sagen Sie immer Ihre Meinung.	☐	☐	☐
2. Suchen Sie eine Lösung, wenn es Konflikte gibt.	☐	☐	☐
3. Passen Sie sich immer der Situation an.	☐	☐	☐
4. Zeigen Sie, dass Sie gute Laune haben.	☐	☐	☐
5. Gehen Sie auf andere Menschen zu.	☐	☐	☐
6. Machen Sie ein freundliches Gesicht, wenn Sie mit anderen Menschen sprechen.	☐	☐	☐
7. Fragen Sie immer, wenn Sie bei Ihrer Arbeit etwas nicht verstehen.	☐	☐	☐
8. Konzentrieren Sie sich darauf, Ihre Aufgaben zu lösen.	☐	☐	☐
9. Ergreifen Sie bei Gesprächen die Initiative.	☐	☐	☐
10. Wenn Sie ein Ziel nicht sofort erreichen können: Haben Sie Geduld und warten Sie auf die richtige Gelegenheit.	☐	☐	☐
11. Hören Sie anderen Menschen aufmerksam zu und unterbrechen Sie sie nicht.	☐	☐	☐
12. Versuchen Sie, die Meinung von Ihrem Gesprächspartner zu verstehen.	☐	☐	☐

b) Haben Sie noch weitere Tipps? Machen Sie Notizen und sagen Sie, warum.

Pünktlichkeit finde ich wichtig. Es ist nicht gut, wenn andere Leute warten müssen.

2 Diskutieren Sie im Kurs Ihre Ergebnisse.

☹ Es kann falsch sein, immer seine Meinung zu sagen.

Ich finde es wichtig, auf andere Menschen zuzugehen.

☺ Da hast du / haben Sie Recht.

☺ Ja, das ist möglich. Aber es ist auch nicht gut, wenn man nie etwas sagt.

Ich finde es wichtig, …
Es kann falsch sein, …
Mir scheint es richtig/ falsch, dass …
Ich bin der Meinung, dass …
Meiner Meinung nach …

☺ Da hast du / haben Sie Recht.
Das meine/finde ich auch.
☺ Ja, das ist möglich. Aber es ist nicht immer gut, wenn …
Das kann sein. Nur darf man nicht vergessen, dass …
☹ Das finde/meine ich nicht. Ich finde es falsch / nicht gut, wenn …

C Meine Ziele und wie ich sie erreiche

1 a) Sehen Sie sich die Fotos an. Warum hat der Mann auf Foto 1 so ein teures Auto? Warum ist die Frau auf Foto 2 so schick angezogen? Sammeln Sie Gründe an der Tafel.

> Der Mann will angeben. | Die Frau will sich bei einer großen Bank bewerben.
> Er will zeigen, dass er viel Geld hat. | Sie möchte mit ihrem Freund in die Oper gehen.

b) Schreiben Sie Sätze wie im Beispiel.

1. Der Mann hat ein teures Auto, weil er angeben will.
   Der Mann hat ein teures Auto, **um** an**zu**geben.
2. Die Frau ist schick angezogen, weil sie sich bei einer großen Bank bewerben will.
   Die Frau ist schick angezogen, **um** sich bei einer großen Bank **zu** bewerben.

c) Vergleichen Sie die Sätze und ergänzen Sie die Regel. ☞ 145/146

Der Mann hat ein teures Auto, **um** an**zu**geben.
Der Mann hat ein teures Auto, **damit** die **anderen Leute** neidisch sind.

> **Mit *um … zu* und *damit* drückt man eine Absicht / einen Zweck aus. Wenn die Nominativergänzungen im Hauptsatz und im Nebensatz gleich sind, kann man _____ benutzen, wenn sie verschieden sind, muss man _____ benutzen.**

2 Verbinden Sie die Sätze mit *um … zu.*

1. Ich will Deutsch lernen. Ich besuche einen Sprachkurs.
2. Sie liest die Stellenanzeigen. Sie muss einen Job finden.
3. Er lädt seine Nachbarin zum Kaffee ein. Er möchte sie kennen lernen.
4. Viele Schüler arbeiten viel. Sie wollen gute Noten bekommen.

3 Wozu braucht man das? Schreiben Sie Antworten wie im Beispiel.

ein Kochtopf – eine Waschmaschine – ein Telefon – eine Brille – ein Bleistift

Man braucht einen Kochtopf, um zu kochen / zum Kochen.

D Erfolgreiche Menschen

1 Was macht Herr Ehrlicher anders als Herr Protz? Lesen Sie die Sätze.

Herr Ehrlicher – ein Mann mit Erfolg. 　　　　　　　Herr Protz – ein Mann ohne Erfolg.

Herr Ehrlicher …　　　　　　　　　　　　　　Herr Protz …

… kann zuhören.　　　　　　　　　　　　　　… redet nur und hört nicht zu.

… schaut die anderen Personen an.　　　　　… ignoriert die anderen Personen.

… denkt auch an andere.　　　　　　　　　　… denkt nur an sich.

… kann über sich selbst lachen.　　　　　　… lacht nur über andere.

… achtet auf seine Kleidung.　　　　　　　　… trägt nur alte Sachen.

2 Was macht Herr Protz falsch? Schreiben Sie Sätze wie im Beispiel.

Herr Protz kann **nicht** über sich selbst lachen, **sondern** lacht nur über andere.
Er schaut die anderen Personen **nicht** an, **sondern** ignoriert sie.

3 Kennen Sie noch weitere Unterschiede zwischen erfolgreichen und erfolglosen Menschen? Sammeln Sie an der Tafel.

4 Schreiben Sie Sätze mit *(an)statt … zu* wie im Beispiel. 　　　　　☞ 146

Herr Protz lacht über andere, **statt** über sich selbst zu lachen.
Anstatt die anderen Personen an**zu**schauen, ignoriert er sie.

> Mit *(an)statt … zu* gibt man Alternativen an. Man macht eine Sache *nicht, sondern* eine andere.

5 Was ist für Sie wichtig im Leben? Was nicht? Sammeln Sie im Kurs.

> Für mich ist es wichtig, einen guten Job zu finden.

> Gesundheit ist für mich am wichtigsten.

> Geld ist für mich gar nicht interessant.

E Stars von gestern und Stars von morgen

1 Lesen Sie die Veranstaltungshinweise und beantworten Sie die Fragen.

Stars von gestern

Sie wollen endlich wieder Erfolg – aber nur einer kann gewinnen!

Wer schafft das Comeback?

Erleben Sie Ihre alten Lieblinge und ihre Songs noch einmal auf der Bühne.
Seien Sie dabei, wenn die Stars von gestern der Jury zeigen, was sie immer noch können.

Die Shows finden ab dem 3. Mai jeweils samstags ab 16 Uhr im Coloneum in Köln statt.
Die Tickets kosten zwischen 12 und 24 Euro.
Reservierung: Tel. 02 21 / 25 01 40 oder unter tickets@coloneum.de

Gesucht:

DER RUHRPOTTSTAR

Besuchen Sie unseren Talentwettbewerb für junge Musiker und entscheiden Sie zusammen mit der Jury!

Termine
2., 3., 9. und 10. Mai
in der Disko *Nachtleben* in Bochum.
Immer ab 21 Uhr.
Am 10. Mai ist das Finale!

Eintritt: 10 Euro

Kartenresevierung
Tel. 02 34 / 23 14 55 oder unter
service@nachtleben.de

1. Wer sind die Kandidaten in den Wettbewerben?
2. Wer entscheidet über den Gewinner?
3. Wann finden die Veranstaltungen statt?

2 Sie wollen zu zweit eine Veranstaltung besuchen. Diskutieren Sie mit Ihrem Partner / Ihrer Partnerin die Fragen und überlegen Sie sich eine gemeinsame Lösung. Berichten Sie im Kurs.

1. Welche Veranstaltung interessiert Sie am meisten?
2. Welcher Termin und welcher Ort passen Ihnen am besten?
3. Wer kümmert sich um die Eintrittskarten?
4. Fahren Sie mit dem eigenen Auto oder mit öffentlichen Verkehrsmitteln (Bahn, Bus, …)?
5. Was wollen Sie anziehen?

1 a) Sehen Sie sich noch einmal die Zeichnung auf Seite 20 an und überlegen Sie:
Wer fährt wohin?

zum Tennisplatz	zum Fest	zum Bahnhof
zur Bundesagentur für Arbeit	ins Büro	zum Friseur ...

b) Wählen Sie eine Person aus und schreiben Sie zu zweit eine kleine Geschichte.

Die Frau mit der schicken Sporttasche heißt Anja. Sie fährt zum Tennisplatz, um dort ihre Freundin zu treffen. Ihre Freundin kann aber viel besser Tennis spielen und Anja hat bis jetzt immer verloren. In den letzten Wochen hat sie jeden Tag drei Stunden trainiert und jetzt hofft sie, dass sie dieses Mal besser ist als ihre Freundin.

2 Ergänzen Sie die Adjektivendungen.

1. Einen Brief beenden Sie oft mit freundlich*en*_____ Grüßen.
2. Ihr Nachbar ist sehr höflich und nett. Das hat er von seinen Eltern gelernt.
   Er ist ein Sohn aus gut_____ Hause.
3. Mein Onkel ist fit und sportlich. Er ist bei gut_____ Gesundheit.
4. Das Rezept für diesen Kuchen gibt es schon lange. Man backt ihn nach alt_____ Tradition.
5. Sie machen eine Weltreise. Sie sind auf groß_____ Fahrt.
6. Sie freuen sich, dass ihre beste Freundin heiratet. Sie gratulieren ihr von ganz_____ Herzen.
7. Sie geben sehr viel Geld aus. Sie leben auf groß_____ Fuß.

3 Schreiben Sie Sätze mit *um ... zu* oder *damit*.

1. Oxana liest Zeitung. Sie will sich über Politik informieren.

   _____

2. Die Schulklasse besucht das Museum. Die Schüler sollen etwas über Geschichte lernen.

   _____

3. Brian hat seiner Freundin einen Wohnungsschlüssel gegeben. Dann muss er nicht immer selbst die Tür aufmachen.

   _____

4. Heute Abend koche ich! Du kannst dann in Ruhe den Spielfilm im Fernsehen ansehen.

   _____

5. Patrizia studiert ein Jahr an einer deutschen Universität. Sie möchte Erfahrungen im Ausland sammeln und die Sprache lernen.

   _____

6. Bitte gib mir den Autoschlüssel. Ich will einkaufen gehen.

_____

7. Wir haben ein Haus gekauft, denn wir wollen keine Miete mehr zahlen.

_____

8. Christoph geht ganz leise aus dem Haus, weil seine Frau nicht aufwachen soll.

_____

4 **a)** **Miriam ist neu in der Stadt und jetzt sucht sie neue Freunde. Was kann sie tun? Was sollte sie nicht machen? Sammeln Sie Vorschläge an der Tafel.**

Das kann sie tun	Das sollte sie nicht tun
mit dem Nachbarn ein Gespräch anfangen	bei Festen still neben ihrem Nachbarn sitzen
eine Kontaktanzeige aufgeben	immer nur warten, dass etwas passiert
gute Laune zeigen	ein böses Gesicht machen

b) Schreiben Sie Sätze wie im Beispiel.

Miriam sollte bei Festen **nicht** still neben ihrem Nachbarn sitzen,
sondern ein Gespräch mit ihm anfangen.
Anstatt bei Festen still neben ihrem Nachbarn **zu** sitzen, sollte sie
ein Gespräch mit ihm anfangen.

5 **Tipps für den Erfolg. Sehen Sie sich noch einmal die Liste auf Seite 22 an. Schreiben Sie einen Text zu den folgenden Punkten.**

– Nennen Sie zwei Tipps, die Sie besonders wichtig finden und
  schreiben Sie, warum.
– Schreiben Sie, welcher Tipp Ihrer Meinung nach falsch ist und warum
  Sie das meinen.
– Nennen Sie einen Tipp, der fehlt, den Sie aber für wichtig halten.
– Schreiben Sie, was man in Ihrem Heimatland beachten muss, um auf
  andere Menschen positiv zu wirken.

A Frauen und Männer

1 a) Ordnen Sie jedem Foto eine Überschrift zu.

1 **Immer mehr Frauen in der Wirtschaft ganz oben!**

2 **Gleichberechtigung in der Politik: Politikerinnen wollen mehr Macht und Einfluss.**

3 **Unglaublich: auch Grillen ist jetzt Frauensache**

4 **Beruf und Familie? Nicht nur für Frauen ein Problem!**

b) **Beschreiben Sie die Fotos. Was machen die Frauen, was machen die Männer?**

> Der Mann auf Foto b ist zu Hause.

> Er kümmert sich um das Baby.

> Aber er muss auch mit seiner Chefin telefonieren.

> Die Frauen auf Foto c grillen. Der Mann …

▶ Unter Gleichberechtigung versteht man, dass Frauen die gleichen Chancen, Möglichkeiten und Rechte haben sollen wie Männer. In der Familie und im Haushalt bedeutet Gleichberechtigung zum Beispiel, dass man sich alle Aufgaben teilt, und im Berufsleben, dass Frauen die gleichen Karrieremöglichkeiten haben wie Männer und nicht weniger verdienen.
Für die Gleichberechtigung gibt es auch Gesetze. So dürfen Arbeitgeber in Stellenanzeigen nicht schreiben, dass sie nur eine Frau oder einen Mann suchen. In den Kommunen und in öffentlichen Institutionen gibt es Frauenbeauftragte, die darauf achten, dass Frauen gegenüber Männern keine Nachteile haben.

2 Sprechen Sie über die Fotos und über Gleichberechtigung in Ihrem Heimatland. Die Sätze im Kasten helfen Ihnen.

> \+ Ich finde es ganz normal, dass Frauen auch Politik machen.
> – Bei uns gibt es kaum Frauen in der Politik. Und wer kümmert sich um die Familie?
> \+ Das können der Mann und die Frau zusammen machen.
> – Meiner Meinung nach ist es für die Kinder nicht gut, wenn die Frau den ganzen Tag nicht zu Hause ist.

3 Was bedeutet für Sie Gleichberechtigung? Diese Frage haben wir vier Frauen gestellt. Hören Sie die Antworten und kreuzen Sie an. Was ist richtig? Was ist falsch?

	richtig	falsch
1. Für Sprecherin 1 ist es am wichtigsten, dass sie sich frei fühlt.	☒	☐
2. Für Sprecherin 2 hat das Wort Gleichberechtigung keine große Bedeutung.	☒	☐
3. Sprecherin 3 muss sich nicht um den Haushalt kümmern.	☒	☐
4. Sprecherin 4 ist zufrieden, weil die Frauen schon viel erreicht haben.	☐	☒

4 Hören Sie noch einmal Sprecherin 4 und lesen Sie mit. Markieren Sie die Sätze mit *obwohl* und *trotzdem*. Wo steht das Verb?

„Gleichberechtigung? Das kann noch lange dauern! Obwohl viele Frauen studieren, kommen nur wenige in Spitzenpositionen. Und obwohl sich auch immer mehr Männer um die Kinder kümmern, sind meistens die Frauen für die Erziehung verantwortlich. Außerdem wollen viele Männer nicht, dass die Frauen mehr Rechte und Macht bekommen. Trotzdem dürfen wir nicht aufgeben. Wir müssen weiter für unsere Rechte kämpfen."

5 Ergänzen Sie die Regel.   ☞ 147

Hauptsatz – Nebensätze – ~~Gegensätze~~ – auf Position 2 – am Ende

Mit *obwohl* und *trotzdem* bezeichnet man _Gegensätze_ .
Obwohl*-Sätze sind _____ **. Das Verb steht** _____ **vom Nebensatz.**
***Trotzdem* leitet einen** _____ **ein und das Verb steht** _____ .

6 Sagen Sie es anders. Schreiben Sie Sätze mit *obwohl* oder *trotzdem*.

Beispiel:
Obwohl ich keinen Hunger habe, esse ich. → Ich habe keinen Hunger. Trotzdem esse ich.
Ich habe kein Geld. Trotzdem gehe ich ins Kino. → Obwohl ich kein Geld habe, gehe ich ins Kino.
1. Obwohl er gut Deutsch kann, ist er vor der Prüfung nervös.
2. Ich war gestern Abend sehr müde. Trotzdem bin ich spät ins Bett gegangen.
3. Die Kinder sind den ganzen Tag im Haus geblieben, obwohl es draußen warm und sonnig war.
4. In meinem Stadtviertel ist es laut und es gibt keinen Park. Trotzdem lebe ich dort gern.

B Frauen in Russland

Irina Bulgakova kommt aus Sankt Petersburg. Sie ist 30 Jahre alt und lebt seit vier Jahren in Deutschland. Sie ist verheiratet und hat ein fünfjähriges Kind, das in den Kindergarten geht. Irina arbeitet als Zahnarzthelferin. Hier beschreibt sie das Leben der Frauen in Russland und vergleicht es mit dem Leben der Frauen in Deutschland.

1 **Lesen Sie die Sätze und den Text.**
Ordnen Sie jedem Textabschnitt einen Satz zu.

1 ☐ Deutsche Frauen sind optimistischer als russische.
2 ☐ Nach einer Scheidung haben Frauen in Russland meistens große finanzielle Probleme.
3 ☐ In Russland ist es leicht, für Kinder eine Betreuung zu finden.
4 ☐ In Deutschland leben die Frauen freier als in Russland.
5 ☐ In Russland heiraten die Frauen früher als in Deutschland.
6 ☐ In Russland haben junge Ehepaare oft keine eigene Wohnung.

Frauen in Russland und Frauen in Deutschland

A Auch in Russland diskutiert man über das Thema Gleichberechtigung, allerdings nicht so intensiv wie in Deutschland. Obwohl die Frauen oft gleichzeitig arbeiten und ihre Kin-
5 der erziehen müssen, protestieren sie weniger gegen ihre Situation. Vielleicht, weil für viele Frauen in Russland die Familie eine sehr große Rolle spielt. Sie heiraten oft während des Studiums oder während der Ausbildung.
10 Wenn sie Kinder bekommen, unterbrechen sie das Studium oder die Ausbildung und machen weiter, wenn die Kinder größer sind. In Deutschland ist das anders. Hier heiraten viele Frauen erst nach dem Studium
15 oder nach einigen Jahren im Beruf. Deshalb gibt es auch einen großen Unterschied beim Heiratsalter. In Russland heiraten die meisten Frauen zwischen 18 und 25 Jahren und in Deutschland kenne ich viele Frauen, die
20 erst um die 30 heiraten und Kinder bekommen.

B In Russland gibt es für Kinder viele Betreuungsmöglichkeiten. Darum ist es für die Frauen leichter zu arbeiten. Oft helfen die
25 Großeltern und die Kindergärten haben länger geöffnet. Große Betriebe haben manchmal eigene Kindergärten, wo die Kinder sogar übernachten können, wenn die Mutter Schichtarbeit hat.

C Die meisten jungen Leute haben nicht genug Geld für eine eigene Wohnung. Deswegen wohnen die Frauen oft zusammen mit ihrem Mann bei seinen Eltern. So verlieren viele Frauen ihre alten Freunde und Bekannten, denn für ein Leben außerhalb der Familie oder der Arbeit bleibt oft keine Zeit mehr. Die Männer kümmern sich meistens überhaupt nicht um die Kinder oder den Haushalt. Natürlich führt das oft zu Konflikten.

D Wie in Deutschland gibt es auch in Russland viele Ehescheidungen. Die Scheidung ist viel unkomplizierter als in Deutschland, aber die Frauen sind danach meistens in einer ziemlich schlechten Situation. Sie bleiben mit den Kindern allein, die Kinder sehen ihren Vater oft nie wieder und der Vater ist auch nicht verpflichtet, an seine Exfrau eine finanzielle Unterstützung zu zahlen. Nur für die Kinder muss er Geld bezahlen. Das machen viele Männer aber auch nicht.

E Ich finde, dass die Frauen in Deutschland viel mehr Möglichkeiten haben und freier sind als in Russland, weshalb ich manchmal nicht verstehe, dass viele so unzufrieden sind. Sie haben besseren Kündigungsschutz, wenn sie schwanger sind, es gibt Kindergeld und Erziehungsgeld und auch bei einer Scheidung haben sie mehr Rechte. Allerdings gibt es eine Ausnahme: Ich verstehe sehr gut, wenn sich die Frauen wegen der schlechten Betreuungsmöglichkeiten für Kinder beklagen.

F An deutschen Frauen gefällt mir, dass sie ein größeres Selbstbewusstsein haben als russische Frauen und dass sie das Leben optimistischer sehen. Im Gegensatz zu deutschen Frauen zum Beispiel, die sich über ein Kompliment ehrlich freuen können, ist es für russische Frauen typisch, dass sie es nie wirklich glauben wollen, wenn man zu ihnen etwas Positives sagt.

---

2 Notieren Sie zu den folgenden Punkten Stichwörter und geben Sie die Zeilen an.

Heiratsalter in Russland und Deutschland: Russland oft 18–25, Deutschland oft um die 30 (Zeile 16–19)

Betreuungsmöglichkeiten für Kinder in Russland:

Soziale Kontakte junger Ehefrauen in Russland:

Ehescheidungen:

Situation der Frauen in Deutschland:

Reaktion auf Komplimente:

---

3 Irina Bulgakova beschreibt auch die Situation der Frauen in Deutschland. Haben Sie dieselben Erfahrungen gemacht? Diskutieren Sie im Kurs.

> Als ich nach Deutschland gekommen bin, …
> Es hat mich überrascht, dass …
> Wenn ich … mit … vergleiche, kann ich sagen, dass …
> Es gibt keine großen Unterschiede.
> Das hat mir sehr/weniger/nicht/überhaupt nicht gefallen.
> Ich finde, die Frauen in Deutschland sind viel freier / gar nicht so frei.

C Konjunktionen – Hauptsätze und Nebensätze

1 Lesen Sie im Text B.1 noch einmal die Abschnitte a–c und unterstreichen Sie ☞ 147
alle Sätze mit *deshalb, darum* und *deswegen.*

Deshalb, darum und *deswegen* haben die gleiche Bedeutung. Sie verbinden Hauptsätze.
Man kann aus ihnen Nebensätze mit *weil* oder Hauptsätze mit *denn* machen.

2 *Weil* oder *denn*? Ergänzen Sie die Sätze.

1. _____ viele Frauen in Deutschland erst nach dem Studium oder nach einigen Jahren im
   Beruf heiraten, gibt es auch einen großen Unterschied beim Heiratsalter.
2. In Russland ist es für Frauen leichter zu arbeiten, _____ es für Kinder viele Betreuungsmöglichkeiten gibt.
3. In Russland ist es für Frauen leichter zu arbeiten, _____ es gibt für Kinder viele Betreuungsmöglichkeiten.
4. _____ die meisten jungen Leute nicht genug Geld für eine eigene Wohnung haben, wohnen
   die Frauen oft zusammen mit ihrem Mann bei seinen Eltern.
5. Die Frauen wohnen oft zusammen mit ihrem Mann bei seinen Eltern, _____ die meisten
   jungen Leute nicht genug Geld für eine eigene Wohnung haben.
6. Die Frauen wohnen oft zusammen mit ihrem Mann bei seinen Eltern, _____ die meisten
   jungen Leute haben nicht genug Geld für eine eigene Wohnung.

3 a) Ergänzen Sie die Sätze mit *weil, deshalb, obwohl* und *trotzdem.*

1. In Russland heiraten viele Frauen, _____ sie noch studieren.
2. In Russland heiraten viele Frauen, _____ die Familie für sie wichtig ist.
3. Nach einigen Jahren verstehen sich viele Ehepaare nicht mehr,
   a) _____ lassen sie sich scheiden.
   b) _____ bleiben sie zusammen.

b) Sagen Sie es anders. Schreiben Sie neue Sätze: *obwohl/trotzdem, deshalb/weil.*

1. Obwohl der Kampf für Gleichberechtigung schwer ist, wollen viele Frauen nicht aufgeben.
   _____ . *Trotzdem* _____

2. Männer haben mehr Stress als Frauen. Deshalb werden sie oft nicht so alt wie die Frauen.
   _____

3. Auch für russische Frauen ist der Beruf wichtig. Trotzdem heiraten sie schon früh.
   _____

4. Weil die Frauen in Deutschland freier leben als in Russland, versteht Irina Bulgakova
   manchmal nicht, dass sich die Frauen hier beklagen.
   _____

D Der Genitiv

1 Lesen Sie den Text.

Putzen ist immer noch Frauensache

In deutschen Familien macht mehr als jede zweite Frau (53%) den Haushalt ganz allein. Nur 27% der Männer helfen im Haushalt mit. Spaß macht den Frauen das Putzen nicht: 95% hassen das Bodenwischen, 92% fin- den Staubwischen schrecklich und 90% können gern auf das Scheuern im Badezimmer verzichten. Trotz- dem haben nur 8% der Familien eine private Putzhilfe.

 2 Suchen Sie im Text nach Informationen zu den Prozentangaben und schreiben Sie Sätze.

8% – 27% – 53% – 90% – 92% – 95%

53% der Frauen machen den Haushalt ganz allein.

3 Sprechen Sie über die Zahlen.

> Ich finde interessant, dass nur 27% der Männer im Haushalt helfen.
> Nur 8% der Familien haben eine Putzhilfe? Das kann ich nicht glauben.
> Es hat mich (nicht) überrascht, dass …
> Erstaunlich ist, dass …

4 a) Unterstreichen Sie in den Sätzen alle Genitivformen und ordnen Sie sie in der Tabelle.

☞ 148

1. Nur selten können sich die Frauen auf die Hilfe de<u>s</u> Mann<u>es</u> im Haushalt verlassen.
2. Mit den Augen einer Frau sieht die Welt anders aus als mit den Augen eines Mannes.
3. Viele Frauen hören nach der Geburt eines Kindes auf zu arbeiten.
4. Heute bedeutet eine Heirat für Frauen nur noch selten das Ende des Berufslebens.
5. Ein großer Teil der Männer findet die Karriere wichtiger als die Familie.
6. Die Frage der Gleichberechtigung ist in Deutschland seit mehr als 30 Jahren aktuell.

	Genitiv
maskulin	die Hilfe d**es** Mann**es**
feminin	mit den Augen ein**er** Frau
neutrum	…
Plural	…

b) Ergänzen Sie die Regel.

5 **Ergänzen Sie die Genitivformen.**

1. Die Betreuung ein _____ Kind _____ kostet viel Zeit.
2. Die Mehrheit _____ Frauen _____ möchte, dass die Männer im Haushalt helfen.
3. Das Ende d _____ Unterricht _____ ist um 12.30 Uhr.
4. Am Anfang d _____ Straße _____ ist ein nettes Restaurant.

6 **Lesen Sie die Regel und ergänzen Sie die Genitivformen.**

1. Während d _____ Fahrt haben wir viel diskutiert.
2. Die Altstadt ist innerhalb d _____ Stadtmauern.
3. Das Café liegt außerhalb d _____ Park _____ .
4. Guten Tag, ich rufe wegen ein _____ Termin _____ an.
5. Das Geschäft bleibt heute wegen ein _____ Familienfeier geschlossen.

7 **Die liebe Familie. Ergänzen Sie die Endungen und die Sätze.**

1. Die Eltern mein*er* Eltern sind mein*e Großeltern* .
2. Der Bruder mein _____ Mutter ist mein _____ .
3. Der Sohn mein _____ Bruder _____ ist mein _____ .
4. Die Tochter mein _____ Schwester ist mein _____ .
5. Die Kinder mein _____ Kinder sind mein _____ .
6. Die Schwester mein _____ Frau ist meine _____ .
7. Der Bruder mein _____ Mann _____ ist mein _____ .

8 **Fragen Sie sich gegenseitig im Kurs und antworten Sie.**

Was ist die Schwester deiner Mutter?

Die Schwester meiner Mutter ist meine Tante.

E Gerechte Aufgabenteilung

1

Sehen Sie sich den Cartoon an. Was macht der Mann? Was sagt und was denkt die Frau? Ergänzen Sie.

 2 Beschreiben Sie den Mann und die Frau vor dem Fernseher.   ☞ 149

> Die Frau strickt einen Pullover.

> Sie sprechen nicht miteinander.

> Interessieren sie sich eigentlich noch füreinander?

 3 Schreiben Sie zu zweit einen Dialog zwischen dem Mann und der Frau vor dem Fernseher und spielen Sie ihn im Kurs.

1 Was denken Sie: Sind die Sätze richtig?
Diskutieren Sie im Kurs.

Männer

… brauchen ihre Freiheit.

… denken nur an den Beruf und die Karriere.

… sind gern allein.

… zeigen ihre Gefühle nicht gern.

Frauen

… sprechen gern über Probleme in der Partnerschaft.

… denken nur an Kinder und Familie.

… finden schnell Freundinnen.

… zeigen ihre Gefühle.

2 Sagen Sie es anders. Schreiben Sie Sätze mit *weil, denn* oder *deshalb*.

1. Swetlana kauft keine Zigaretten mehr, denn sie möchte das Rauchen aufgeben.

Swetlana kauft keine Zigaretten mehr, weil sie das Rauchen aufgeben möchte.

Swetlana möchte das Rauchen aufgeben. Deshalb kauft sie keine Zigaretten mehr.

2. Ich höre oft Radio, denn da gibt es gute Informationen.

3. Olivia kauft ein Geschenk, weil ihr Mann morgen Geburtstag hat.

4. Ich arbeite abends sehr lange. Deshalb stehe ich morgens immer spät auf.

3 Ergänzen Sie die Sätze.

1. Im Sommer trage ich oft einen Pullover, obwohl _____
   weil _____

2. Herr Werner hat zu Hause ein großes Arbeitszimmer, obwohl _____
   weil _____

3. Obwohl _____, hat Natalja ein Auto.
   Weil _____

4. Obwohl _____, kaufe ich viele Bücher.
   Weil _____

4 Lesen Sie den Text und unterstreichen Sie alle Genitivformen.

Im Schatten der Erde – Mondfinsternis am 16. Mai

Wegen des klaren Himmels konnte man in der Nacht zum Sonntag in weiten Teilen Deutschlands eine Mondfinsternis sehen. Am deutlichsten war sie um 0.32 Uhr beim Eintritt des Mondes in den Schatten der Erde. Während der Hauptphase war der Mond ganz rot.

5 a) Sehen Sie sich die Statistik an und lesen Sie den Text.

Kinderbetreuung in Deutschland

Von 100 Kindern aus den verschiedenen Altersgruppen besuchen	West-deutschland	Ost-deutschland
– eine Krippe (Kinder von 0 bis 2 Jahren)	4	12
– einen Kindergarten (Kinder von 3 Jahren bis zum Schulalter)	77	85
– einen Hort (Nachmittagsbetreuung für Schüler und Schülerinnen bis 12 Jahre)	3	16

Wenn Eltern arbeiten, ist es besonders wichtig, dass die Kinder eine Betreuung haben. Die Statistik zeigt, dass die meisten Kinder im Alter von drei bis sechs Jahren einen Kindergartenplatz haben, dass aber das Angebot für Kinder bis drei Jahre und für die Nachmittagsbetreuung von Schülern nur klein ist.

> In Westdeutschland haben nur 3 % der Schulkinder einen Hortplatz.

b) **Erklären Sie die Zahlen und vergleichen Sie die Zahlen für West- und Ostdeutschland.**

Die Statistik informiert über …
Man bekommt Informationen über …
Man bekommt die Information, dass …
Die Statistik zeigt, dass …
Man kann sehen, dass …

… % (Prozent) der Kinder bis zu … Jahren
fast alle   die meisten   nur wenige
besonders viele/wenige
ziemlich viele/wenige
weniger als / mehr als

> In Ostdeutschland gehen mehr Kinder in den Kindergarten als in Westdeutschland.

> Man kann sehen, dass nur wenige Kinder in den Hort gehen.

c) **Wie ist die Kinderbetreuung in Ihrem Heimatland? Berichten Sie im Kurs.**

4 Die Arbeitswelt

A Beschäftigungsformen

1 Lesen Sie die Texte und machen Sie Notizen.

Dozenten an Volkshochschulen sind meistens nicht fest angestellt. Sie arbeiten freiberuflich und bekommen für jeden Kurs ein Honorar und einen extra Vertrag. Wenn man freiberuflich arbeitet, muss man die Beiträge zur Sozialversicherung (Krankenversicherung und Rentenversicherung) von diesen Honoraren bezahlen. Freiberuflich Tätige haben keine Arbeitslosenversicherung.

In Hotels und Restaurants arbeiten viele Mitarbeiter in Teilzeit und auf Basis eines Minijobs. Wenn man höchstens 400 Euro pro Monat verdient, zahlt man keine Steuern und Sozialabgaben. In dieser Branche muss man oft nachts und am Wochenende arbeiten.

Die Mitarbeiter in Krankenhäusern sind ange-stellte Arbeitnehmer. Sie haben eine Lohnsteuer-karte, bekommen ein Gehalt und sind sozial ver-sichert: Der Arbeitgeber und der Arbeitnehmer bezahlen einen Teil der Arbeitslosenversicherung, der Rentenversicherung und der Kranken- und Pflegeversicherung. Die Arbeitszeiten sind oft ungünstig, denn man hat Schichtdienst und muss auch nachts und am Wochenende arbeiten.

Besitzer von Kiosken sind selbstständig. Oft sind Kioske Familienbetriebe, d. h. die ganze Familie hilft mit. Kioskbesitzer müssen die Beiträge zur Sozialversicherung von dem Geld bezahlen, das sie mit ihrem Kiosk verdienen. Viele Kioskbesitzer haben ihren Kiosk auch am Sonntag geöffnet.

Dozenten an Volkshochschulen: Sie arbeiten meistens freiberuflich,
bekommen Honorare, Sozialversicherung zahlen sie selbst.
Beschäftigte in Hotels und Restaurants:
Krankenhausmitarbeiter:
Kioskbesitzer:

2 Sammeln Sie weitere Berufe und Tätigkeiten. Machen Sie eine Liste an der Tafel.

Festanstellung	freiberuflich/selbstständig Familienbetriebe	Minijobs

3 Erzählen Sie: Wie soll Ihr Arbeitsplatz aussehen? Die Stichwörter helfen Ihnen.

> Karrieremöglichkeiten　　　　　freie Zeiteinteilung
> ein regelmäßiges Einkommen
> Kontakt mit Menschen　　　　　Unabhängigkeit
> Sicherheit (auch bei Krankheit)
> interessante Arbeit　　　　　nette Kollegen

Am wichtigsten ist für mich ein sicherer Arbeitsplatz.

Wenn ich krank bin, möchte ich auch Gehalt bekommen.

Ich möchte mir meine Arbeit frei einteilen können.

Ich will mein eigener Chef sein.

Guter Kontakt zu den Kollegen ist für mich genauso wichtig wie viel Geld.

Am wichtigsten ist für mich …

B Eine Gehaltsabrechnung

1 Lesen Sie die Gehaltsabrechnung der Zahnarzthelferin Irina Bulgakova
und die Informationen im Kasten. Beantworten Sie danach die folgenden Fragen.

Monatsabrechnung
April 2004

Steuerklasse	Familienstand	Zuständige Krankenkasse
V	verheiratet	EK BEK Nürnberg

Zahnarzt Dr. Müller
Ludwigstraße 65
90402 Nürnberg

Irina Bulgakova
Corneliusstraße 11
90459 Nürnberg

Gehalt, allgemein	1600,00
Arbeitgeber-Anteil	
vermögenswirksame Leistungen	20,00
Lohnsteuer	418,50
Solidarzuschlag	23,01
Kirchensteuer evangelisch	33,48
Krankenversicherung	119,07
Rentenversicherung	157,95
Arbeitslosenversicherung	52,65
Pflegeversicherung	13,77
Summe Abzüge laufender Monat	818,43
Netto-Verdienst	801,57
Abzug vermögenswirksame Leistungen	40,00
Auszahlungsbetrag	761,57

Bank:
Stadtsparkasse Nürnberg BLZ 760 501 01
Kto.-Nr.: 34 56 78 001

1. Wie viel verdient Irina Bulgakova brutto?
2. Wie viel verdient sie netto?
3. Wie viel Steuern bezahlt sie?
4. Wie viel bezahlt sie für die Sozialversicherungen?

▶ Es gibt einen Unterschied zwischen dem Bruttogehalt und dem Nettogehalt. Vom Bruttogehalt muss man Lohnsteuer, Sozialversicherung und auch den Solidarzuschlag für die neuen Bundesländer bezahlen. Wenn man Mitglied in der evangelischen oder katholischen Kirche ist, bezahlt man auch Kirchensteuer. Das Nettogehalt ist der Betrag, den der Arbeitnehmer wirklich ausgezahlt bekommt. Manchmal bekommen Arbeitnehmer vermögenswirksame Leistungen, d. h. der Arbeitgeber und der Arbeitnehmer zahlen monatlich je einen bestimmten Betrag, z. B. für ein Sparkonto, eine Lebensversicherung oder einen Bausparvertrag des Arbeitnehmers. Vermögenswirksame Leistungen werden vom Staat gefördert.

2 Vergleichen Sie die Abrechnung mit Ihrem Heimatland.

1. Wie viel verdienen bei Ihnen die Menschen im Durchschnitt?
2. Wie hoch sind die Abzüge?
3. Bekommt man sein Gehalt, wenn man krank ist?

> Bei uns gibt es keine Kirchensteuer.

> In den ersten Krankheitstagen bekommt man bei uns kein Gehalt.

> Eine Arbeitslosenversicherung haben wir nicht.

C Weiterbildung

1 Lesen Sie den Text und beantworten Sie die Fragen.

Das FORUM Berufsbildung e.V. in Berlin stellt sich vor:

Wollen Sie in Ihrem Beruf Karriere machen? Brauchen Sie zusätzliche Kompetenzen? Haben Sie Ihren Arbeitsplatz verloren und sind Sie auf der Suche nach neuen Möglichkeiten? Dann wählen Sie aus unserem großen Weiterbildungsangebot:

- Fortbildungen, damit Sie in Ihrem Beruf noch kompetenter werden. Wir bieten auch Sprachkurse für den Beruf an, z. B. Englisch für die Hotel- und Gaststättenbranche;

- Umschulungen für einen neuen Beruf, wenn Sie in Ihrem alten Beruf keine Stelle mehr finden;

- kurze Lehrgänge für die berufliche Orientierung und als Hilfe auf dem Weg in die Selbstständigkeit;

- Ausbildungen für junge Menschen, die noch keinen Beruf gelernt haben.

Die Umschulungen bieten wir als Vollzeitkurse (8 Stunden pro Tag) oder Teilzeitkurse (4 Stunden pro Tag) an. Zu den Vollzeitkursen gehören Praktika in Betrieben, so dass Sie den Arbeitsalltag Ihres neuen Berufs kennen lernen.

Der Arbeitsmarkt verändert sich schnell, so dass viele neue Berufe entstanden sind, z. B. in den Bereichen Telekommunikation und Medien. Auch diese neuen Berufe können Sie bei uns lernen.

1. Welche Kurse und Angebote sind vor allem für Berufstätige geeignet?
2. Für welche Personen ist eine Umschulung geeignet?
3. Bei welchen Angeboten lernt man einen neuen Beruf?
4. Was ist der Unterschied zwischen einer Umschulung und einer Fortbildung?
5. Was ist ein Praktikum?

 2 Haben Sie bereits an einer Fortbildung oder Umschulung teilgenommen? Berichten Sie über Ihre Erfahrungen. Die Fragen helfen Ihnen.

1. Was haben Sie gelernt?
2. Wie lange hat der Kurs gedauert?
3. Wer hat den Kurs bezahlt?
4. Was haben Sie danach gemacht?

3 Unterstreichen Sie im Text die Nebensätze mit *dass*. Was fällt Ihnen auf?

4 Vergleichen Sie die Sätze. Beschreiben Sie den Unterschied.   ☞ 150

Der Arbeitsmarkt verändert sich schnell, **so dass** viele neue Berufe entstanden sind.
Der Arbeitsmarkt verändert sich **so** schnell, **dass** viele neue Berufe entstanden sind.

> **Mit *so dass* beschreibt man die Folgen einer Sache.**
> **Der Nebensatz mit *so dass* steht immer hinter dem Hauptsatz.**
> **Wenn im Hauptsatz ein Adjektiv besonders betont ist,**
> **steht *so* vor diesem Adjektiv.**

5 Schreiben Sie Nebensätze mit *so … dass* oder *so dass*.

Beispiele: Die Arbeit ist anstrengend. Ich bin jeden Abend müde.
→ Die Arbeit ist **so** anstrengend, **dass** ich jeden Abend müde bin. /
→ Die Arbeit ist anstrengend, **so dass** ich jeden Abend müde bin.

Ich habe keine Zeit. Ich kann nicht ins Kino gehen.
→ Ich habe keine Zeit, **so dass** ich nicht ins Kino gehen kann.

1. Heute ist es kalt. Man braucht einen Pullover.
2. Ich habe großen Hunger. Ich muss ganz schnell etwas essen.
3. Kerstin war letzte Woche krank. Deshalb konnte sie nicht in Urlaub fahren.
4. Der Zug hatte Verspätung und sie konnte das Flugzeug nicht erreichen.
5. Manche Kinder hören nie zu. Deshalb machen sie viele Fehler.

6 Lesen Sie den Text und ergänzen Sie die Sätze.

so dass – weil – damit – denn – so … dass – um … zu – dass – deshalb

Vladimir Bourmistrov,
Portier im Hotel
Vier Jahreszeiten

Seit einem Jahr bin ich Hotelportier. Das ist manchmal anstrengend, _____ man hat auch Nacht- und Wochenendarbeit. Wenn ich nachts gearbeitet habe, bin ich oft _____ müde, _____ ich danach den ganzen Tag schlafe. Aber es macht auch Spaß, mit vielen Menschen Kontakt zu haben. Am Anfang hatte ich Probleme, _____ wir viele internationale Gäste haben. Mein Englisch war nicht so gut und _____ musste ich oft zweimal fragen, _____ die Gäste _____ verstehen. Mein Chef hat gesagt, _____ er mir einen Englischkurs bezahlt. Ich verstehe jetzt fast alles, _____ ich bei amerikanischen oder englischen Gästen nicht mehr nervös bin. Meine Frau hat mir ein Wörterbuch geschenkt, _____ ich unbekannte Wörter nachsehen kann.

D Der Konjunktiv II

1 Fragen und antworten Sie.

2 Vergleichen Sie die Sätze. Beschreiben Sie den Unterschied. ☞ 150/151

1. + Ich mache zu wenig Sport.   – Ich würde gern mehr Sport machen.
2. + Er ist nicht verheiratet.   – Aber er wäre gern verheiratet.
3. + Sie hat keine Zeit.   – Aber sie hätte gern mehr Zeit.

> **Der Konjunktiv II beschreibt Dinge, die nicht oder noch nicht real sind: Bedingungen, Vorschläge und Wünsche. Außerdem braucht man den Konjunktiv II in höflichen Bitten.**

3 Hören Sie das Gespräch. Wer sagt was? Ordnen Sie zu.

Irina Bulgakova ist mit ihrer Arbeit als Zahnarzthelferin zufrieden. Aber vieles ist neu für sie und sie muss viel lernen. Mit Frau Kröger, einer Nachbarin, unterhält sie sich über ihre Situation.

	Frau Bulgakova	Frau Kröger
1. Ich würde gerne mehr über Computer wissen.	☐	☐
2. Wenn du einen Computerkurs machen würdest, wäre die Arbeit für dich leichter.	☐	☒
3. Du könntest doch einen Abendkurs machen.	☐	☐
4. Auch dein Chef hätte ja Vorteile, wenn du dich mit dem Computer besser auskennen würdest.	☐	☒
5. Könntest du auf mein Kind aufpassen?	☒	☐

Lesen Sie die Sätze und ordnen Sie zu. Was drücken die Sätze aus?

1. Ich würde gern eine Umschulung machen.
2. Dürfte ich noch ein Stück Kuchen haben?
3. Wenn ihr Kind älter wäre, würde sie den ganzen Tag arbeiten.
4. Könntest du mir die Butter geben?
5. Du solltest mehr Englisch lernen.
6. Ich hätte gern ein großes Haus.
7. Wir könnten heute Abend ins Kino gehen.
8. Wenn er ein Auto hätte, könnte er außerhalb seines Wohnorts arbeiten.

> Satz 1 ist ein Wunsch.

Wunsch	Bedingung	Vorschlag	höfliche Bitte
1, _____	_____	_____	_____

5 **Bilden Sie von den folgenden Verben das Präteritum und den Konjunktiv II.**

☞ 150/151

	Präteritum	**Konjunktiv II**
haben	ich hatte	ich _____
sein	ich _____	ich _____
können	ich _____	ich _____
müssen	ich _____	ich müsste
dürfen	ich _____	ich dürfte
sollen	ich _____	ich sollte

> **Den Konjunktiv der meisten Verben bildet man mit _würde_ + Infinitiv. Bei _haben_ und _sein_ und den Modalverben _können, müssen_ und _dürfen_ gibt es eine eigene Konjunktiv-II-Form. Bei dem Modalverb _sollen_ sind Präteritum und Konjunktiv II gleich.**

6 **Ergänzen Sie die Sätze. Benutzen Sie den Konjunktiv von _haben, sein, können, müssen, dürfen_ und _sollen_.**

Beispiel:
Wenn ich viel Zeit hätte, könnte ich noch viel mehr Kurse besuchen.

1. Wenn ich keine Fahrkarte _____, _____ ich nicht in den Zug einsteigen.
2. Wenn ich kein Kind _____, _____ ich abends öfter weggehen.
3. Sie _____ mehr Obst essen, damit Sie nicht so oft krank sind.
4. Wenn dein Chef netter _____, _____ du nicht so viel arbeiten.

7 Was wäre, wenn …? Erzählen Sie im Kurs.

1 Sie haben plötzlich viel Geld.

2 Sie sprechen perfekt Deutsch.

3 Sie können fliegen.

4 Der Unterricht fällt aus.

5 Morgen ist Sonntag.

6 Sie sind in Ihrem Heimatland.

Was wäre, wenn der Unterricht ausfallen würde?

Dann könnte ich morgens länger schlafen.

8 Was würdest du tun, wenn …? Fragen Sie sich gegenseitig.

Was würdest du tun, wenn du jetzt Urlaub hättest?

Dann wäre ich glücklich.

Dann würde ich ans Meer fahren. Und du?

Ich würde lieber in die Berge fahren.

Das wäre nichts für mich.

E Welcher Kurs passt?

1 Lesen Sie die Situationen und die Anzeigen. Suchen Sie zu jeder Situation eine passende Anzeige. Es ist auch möglich, dass keine Anzeige passt. Tragen Sie dann ein X ein.

1 | 0 | Ihre Tochter braucht Nachhilfeunterricht in Französisch.

2 | A | Sie möchten mehr über den Ersten Weltkrieg wissen.

3 | | An Ihrem Arbeitsplatz haben Sie keine Probleme, mit Ihren Kollegen auf Deutsch zu sprechen. Aber bei Telefongesprächen sind Sie noch unsicher.

4 | c | Sie interessieren sich für italienische Kultur.

5 | b | In Ihrem Heimatland haben Sie eine Ausbildung zum Buchhalter gemacht. Nun möchten Sie sich gerne fortbilden, um auf dem deutschen Arbeitsmarkt bessere Chancen zu haben.

6 | X | Sie möchten nach der Arbeit am Abend noch etwas Sport treiben.

7 | | Sie möchten mehr über das Internet lernen. Grundkenntnisse haben Sie schon.

Kurs:
Deutsche Geschichte im 20. Jahrhundert
Dozent: E. Hirschbach-Zentner
Zeit: Do 9.00–11.15 Uhr
Beginn: 24.03.2005, 15 Wochen
Ort: Keplerstraße 17, Raum 205

d

Kunst in Italien
Kursbeginn: alle 3 Monate
Kursdauer: 12 Wochen,
montags 18.00 bis 20.00 Uhr

Fasziniert Sie die Schönheit der italienischen Kultur und möchten Sie mehr über die Kunstdenkmäler Iluliens wissen? Unser Kurs »Italienische Kunstgeschichte« erklärt Ihnen die Geschichte der italienischen Kunst und ihren historischen und sozialen Hintergrund.

Telefonische Anmeldung bei der Sprachschule »Bella Italia« unter
Tel.: 06131-24 34 57 oder
per E-Mail an kurse@bella-italia.de

c

VOLKSHOCHSCHULE TUTTLINGEN

Grundkurs: Buchhaltung
Der Grundlehrgang dient der systematischen und praxisbezogenen Einführung in die doppelte Buchführung. Der Kurs kann mit einer Verbandsprüfung abgeschlossen werden.
Zeit: Di 20.15–21.45 Uhr
Beginn: 1.2.2005, 10 Wochen
Ort: VHS-Zentrum Raum 105
Preis: 60 Euro

b

Nachhilfe in allen Fächern beim Studienzirkel. Intensivtraining, Abi-Vorbereitung. Einzel- und Gruppenkurse. Tel. 030 / 202 17 77

Probleme mit Französisch? Franzose erteilt Nachhilfe. Tel. 030-8975 135 oder E-Mail Pierre-Deneuve@web.de

Sprachstudentin gibt Nachhilfe in Englisch und Französisch bis zur 10. Klasse. Tel. 030-234 651

d

Sie haben gerade ein neues Handy gekauft und möchten mehr darüber wissen?

In unserem Einsteigerkurs lernen Sie die Funktionen des Handys kennen und Sie lernen, das Handy gezielt und richtig einzusetzen.

Kursgebühren: 35,00 Euro Telefonische Anmeldung: 06 41 / 365 41

e

Aufbaukurs:

Sichere Navigation im Internet.

Sie haben bereits Interneterfahrung, Sie möchten aber noch mehr wissen. Sie lernen mehr über das WWW, E-Mail-Funktionen und den Chat.

Tel. Anmeldung und Informationen über Termine während der Öffnungszeiten unter 0551-234127

f

Tanzschule Großmann

Lateinamerikanische Tänze – das ist Ausdruck von Spaß und Lebensfreude.

In diesem Kurs lernen Sie die Grundschritte von Samba, Salsa und Merengue.

3 Wochenenden:
Samstag: 10.00 – 16.00 Uhr
Sonntag: 10.00 – 14.00 Uhr

Beginn: 5. März
Anmeldung unter Telefon
0201-68 43 125

g

Wenn Sie in Ihrem Beruf viel telefonieren müssen, ist dieser Kurs das richtige Angebot. Sie lernen, die Gesprächssituationen sicher zu beherrschen.

Schule am Niederbronnerweg

Kursgebühr: 75,00 Euro

Freitag, 08.04.2005, 18.00–21.00 Uhr
Samstag, 09.04.2005, 9.00–17.00 Uhr

Anmeldung unter Telefon 0821-170 324 7651 oder per E-Mail an post@lernzentrum-augsburg.de

h

2 **Welcher Kurs interessiert Sie? Benutzen Sie den Konjunktiv II und begründen Sie Ihre Wahl.**

> Ich würde gern mehr über deutsche Geschichte lernen. Deshalb …

> Für mich wäre der Tanzkurs gut, denn da könnte ich neue Leute kennen lernen.

> Ich würde gern mehr über das Internet wissen, weil …

1 a) Angestellt oder selbstständig? Notieren Sie Vorteile und Nachteile.

	Vorteile	Nachteile
angestellt	ein regelmäßiges Gehalt	
selbstständig		Man muss sich selbst um die Sozialversicherung kümmern.

b) Berichten Sie.

> Wenn man angestellt ist, bekommt man ein regelmäßiges Gehalt.

> Als Selbstständiger muss man sich selbst um die Sozialversicherung kümmern.

2 Ergänzen Sie die fehlenden Wörter.

Praktikum – Umschulung – Ausbildung – Fortbildung

1. Ich nehme an einer _____ teil, um in meinem Beruf noch kompetenter zu werden.
2. Bei einer _____ lernt man einen neuen Beruf, wenn man im alten Beruf keine Stelle finden kann.
3. Bei einem _____ arbeitet man in einem Betrieb, um die Berufspraxis kennen zu lernen.
4. Junge Menschen, die noch keinen Beruf haben, machen eine _____ .

3 Ergänzen Sie die Sätze.

~~hätte~~ – wäre – müsste – würde – hätte – konnte – könnte – ist – hat – hätte

Vladimir Bourmistrov ist gern Hotelportier. Manchmal ___*hätte*___

er lieber weniger Überstunden und er _____ auch gern

weniger nachts und am Wochenende arbeiten. Wenn er regelmäßige

Arbeitszeiten _____ , _____ er in seiner Freizeit

nicht so müde und _____ mehr mit der Familie machen.

Am Anfang _____ er nicht genug Englisch, aber er

_____ einen Sprachkurs gemacht und _____ jetzt

viel sicherer. Wenn Vladimir diese Arbeit nicht _____ ,

_____ seine Frau den ganzen Tag arbeiten.

4 Schreiben Sie Sätze im Konjunktiv II.

1. sie – mehr Zeit haben

   Es wäre schön, *wenn sie mehr Zeit hätte* .

2. du – weniger arbeiten

   Ich würde mich freuen, _____ .

3. mein Mann – sich mehr um die Kinder kümmern

   Es wäre gut, _____ .

4. Sie – leiser sein

   Ich wäre Ihnen dankbar, _____ .

5. ihr – draußen spielen

   Wir hätten mehr Ruhe, _____ .

6. ich – am Samstag nicht aufräumen müssen

   Ich könnte ins Kino gehen, _____ .

7. meine Kinder – nicht so viel fernsehen

   Es wäre besser, _____ .

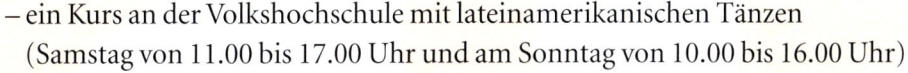

5 Sie planen zusammen ein Wochenende. Sie haben folgende Möglichkeiten.

– ein Kurs an der Volkshochschule mit lateinamerikanischen Tänzen
  (Samstag von 11.00 bis 17.00 Uhr und am Sonntag von 10.00 bis 16.00 Uhr)
– ein Besuch bei den Großeltern
– eine Wanderung in den Bergen mit Freunden.

Arbeiten Sie zu dritt, diskutieren Sie, was Sie machen wollen, und einigen Sie sich auf einen gemeinsamen Vorschlag. Spielen Sie danach den Dialog im Kurs.

> Also, ich würde lieber zu Oma und Opa fahren.

> Ich würde gern den Tanzkurs machen.

Vorschlag/Wunsch	*zustimmen*	*ablehnen*	*Gegenvorschlag*
Ich würde gern …	Ja, das wäre gut.	Ach, nicht so gern.	Wir könnten aber auch …
Wie wäre es, wenn wir …?	Warum nicht?	Nein, lieber nicht.	Na ja, ich würde lieber …
Wir sollten …	Gute Idee!	Ohne mich!	
Ich würde es gut finden, wenn wir …			

Kurzgeschichten

Peter Bichsel

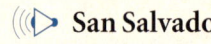

San Salvador

Er hatte sich eine Füllfeder gekauft.

Nachdem er mehrmals seine Unterschrift, dann seine Initialen, seine Adresse, einige Wellenlinien, dann die Adresse seiner Eltern auf ein Blatt gezeichnet hatte, nahm er einen neuen Bogen, faltete ihn sorgfältig

5 und schrieb: „Mir ist es hier zu kalt", dann, „ich gehe nach Südamerika", dann hielt er inne, schraubte die Kappe auf die Feder, betrachtete den Bogen und sah, wie die Tinte eintrocknete und dunkel wurde (in der Papeterie garantierte man, dass sie schwarz werde), dann nahm er seine Feder erneut zur Hand und setzte noch seinen Namen Paul darunter.

10 Dann saß er da.

Später räumte er die Zeitungen vom Tisch, überflog dabei die Kinoinserate, dachte an irgendetwas, schob den Aschenbecher beiseite, zerriss den Zettel mit den Wellenlinien, entleerte seine Feder und füllte sie wieder. Für die Kinovorstellung war es jetzt zu spät.

Die Probe des Kirchenchores dauerte bis neun Uhr, um halb zehn würde Hildegard zurück sein.

15 Er wartete auf Hildegard. Zu all dem Musik aus dem Radio. Jetzt drehte er das Radio ab.

Auf dem Tisch, mitten auf dem Tisch, lag nun der gefaltete Bogen, darauf stand in blauschwarzer Schrift sein Name Paul.

„Mir ist es hier zu kalt", stand auch darauf.

Nun würde also Hildegard heimkommen, um halb zehn. Es war jetzt neun Uhr. Sie läse seine

20 Mitteilung, erschräke dabei, glaubte wohl das mit Südamerika nicht, würde dennoch die Hemden im Kasten zählen, etwas müsste ja geschehen sein. Sie würde in den „Löwen" telefonieren. Der „Löwen" ist mittwochs geschlossen.

Sie würde lächeln und verzweifeln und sich damit abfinden, vielleicht.

Sie würde sich mehrmals die Haare aus dem Gesicht streichen, mit dem Ringfinger der linken

25 Hand beidseitig der Schläfe entlangfahren, dann langsam den Mantel aufknöpfen.

Dann saß er da, überlegte, wem er einen Brief schreiben könnte, las die Gebrauchsanweisung für den Füller noch einmal – leicht nach rechts drehen – las auch den französischen Text, verglich den englischen mit dem deutschen, sah wieder seinen Zettel, dachte an Palmen, dachte an Hildegard. Saß da.

30 Und um halb zehn kam Hildegard und fragte: „Schlafen die Kinder?"
Sie strich sich die Haare aus dem Gesicht.

Bertolt Brecht
(((▷ Maßnahmen gegen die Gewalt

Als Herr Keuner, der Denkende, sich in einem Saale vor vielen gegen die Gewalt aussprach, merkte er, wie die Leute vor ihm zurückwichen und weggingen. Er blickte sich um und sah hinter sich stehen – die Gewalt. „Was sagtest du?" fragte ihn die Gewalt.

5 „Ich sprach mich für die Gewalt aus", antwortete Herr Keuner.

Als Herr Keuner weggegangen war, fragten ihn seine Schüler nach seinem Rückgrat. Herr Keuner antwortete: „Ich habe kein Rückgrat zum Zerschlagen. Gerade ich muß länger leben als die Gewalt."

Und Herr Keuner erzählte folgende Geschichte:

10 In die Wohnung des Herrn Egge, der gelernt hatte, nein zu sagen, kam eines Tages in der Zeit der Illegalität ein Agent, der zeigte einen Schein vor, welcher ausgestellt war im Namen derer, die die Stadt beherrschten, und auf dem stand, daß ihm gehören solle jede Wohnung, in die er seinen Fuß setzte; ebenso sollte ihm auch jedes Essen gehören, das er verlange; ebenso sollte ihm auch jeder Mann dienen, den er sähe.

15 Der Agent setzte sich in einen Stuhl, verlangte Essen, wusch sich, legte sich nieder und frage mit dem Gesicht zur Wand vor dem Einschlafen: „Wirst du mir dienen?"

Herr Egge deckte ihn mit einer Decke zu, vertrieb die Fliegen, bewachte seinen Schlaf, und wie an diesem Tage gehorchte er ihm sieben Jahre lang. Aber was immer er für ihn tat, eines zu tun hütete er sich wohl: das war, ein Wort zu sagen. Als nun die sieben Jahre herum waren und der Agent

20 dick geworden war vom vielen Essen, Schlafen und Befehlen, starb der Agent. Da wickelte ihn Herr Egge in die verdorbene Decke, schleifte ihn aus dem Haus, wusch das Lager, tünchte die Wände, atmete auf und antwortete: „Nein."

Franz Kafka
(((▷ Kleine Fabel

„Ach", sagte die Maus, „die Welt wird enger mit jedem Tag. Zuerst war sie so breit, daß ich Angst hatte, ich lief weiter und war glücklich, daß ich endlich rechts und links in der Ferne Mauern sah, aber diese langen Mauern eilen so schnell aufeinander zu, daß ich schon im letzten

5 Zimmer bin, und dort im Winkel steht die Falle, in die ich laufe." –

„Du mußt nur die Laufrichtung ändern", sagte die Katze und fraß sie.

A Wie es war, wie es ist …

1 a) **Hören Sie die Sätze und ordnen Sie sie den Bildern zu.**

a

b

c

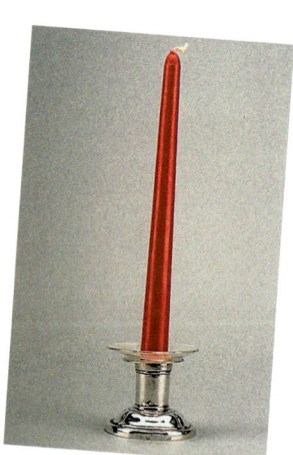

d

e

b) Lesen Sie die Sätze und sammeln Sie die Verben in einer Tabelle im Heft.

Präteritum (= früher)	Präsens (= heute)
brauchte	braucht

1. Früher brauchte man Kerzen. Heute braucht man Glühbirnen.
2. Früher klingelte das Telefon. Heute klingelt das Handy.
3. Früher kochte man auf dem Kohleherd. Heute kocht man auf dem Elektroherd.
4. Früher schaltete man das Radio ein. Heute schaltet man den Fernseher ein.
5. Früher heizte man mit dem Ofen. Heute heizt man mit der Zentralheizung.

2 **Das Präteritum der regelmäßigen Verben. Sehen Sie sich die Tabelle an** ☞ 151 **und ergänzen Sie die Regel.**

	machen		**arbeiten**
ich	mach - te	ich	arbeit - ete
du	mach - test	du	arbeit - etest
er/sie/es	mach - te	er/sie/es	arbeit - ete
wir	mach - ten	wir	arbeit - eten
ihr	mach - tet	ihr	arbeit - etet
sie/Sie	mach - ten	sie/Sie	arbeit - eten

Regelmäßige Verben haben im Präteritum folgende Endungen:
Singular (1. und 3. Person): _____ ; Plural (1. und 3. Person): _____ .
Wegen der Aussprache steht bei den Verben mit Verbstamm auf -*t* und -*d* zwischen Stamm und Endung ein *e (arbeitete/redete)*.
Die Formen der 2. Person braucht man bei den meisten Verben im Präteritum nur selten.
Man benutzt das Präteritum in der 2. Person aber bei *haben, sein* und bei den Modalverben:
Musstest du als Kind früh zu Hause sein?

3 **Hören Sie die Texte und ergänzen Sie die Sätze.**

1. Vor fünfzig Jahren _____ die Menschen länger

   als heute. Der Arbeitstag _____ zehn Stunden und

   man _____ weniger Geld.

2. Meine Eltern _____ viele Jahre kein Auto.

   Als ich zehn Jahre alt _____ , _____

   mein Vater dann einen alten VW.

   Wir _____ damals in einer Mietwohnung.

   Später _____ meine Eltern ein Haus.

   Das _____ für uns alle eine sehr schöne Zeit.

1 Lesen Sie den Text und bringen Sie die Bilder in die richtige Reihenfolge.

a | 1

b

c

d

e

f

Das Märchen von der Feldmaus und der Stadtmaus

Es war einmal eine Feldmaus. Die lebte in ihrem hübschen kleinen Mauseloch auf einem Feld. Es gefiel ihr sehr gut dort, aber es gab weit und breit keine andere Maus (und
5 schon gar keinen Mäuserich). So fühlte sie sich ziemlich einsam und zog in die Stadt zu ihrer Cousine, der Stadtmaus.

Die Stadtmaus aber lebte in einem Internetcafé. Sie hatte ein hübsches Mauseloch mit
10 Internetanschluss und einem kleinen Laptop. Die Feldmaus betrachtete interessiert ein Teil, das man »Computermaus« nannte. Dieses Teil sah wirklich wie eine Maus mit einem sehr langen Schwanz aus.
15 »Schau her!«, rief die Stadtmaus und fing an, im Internet zu surfen. Die Feldmaus sah so etwas zum ersten Mal und war sehr überrascht, als die Stadtmaus ihr den Chat zeigte. Viele Namen standen auf dem Bildschirm,
20 und alle schienen sich zu unterhalten. Es ging so schnell, dass die Feldmaus kaum mitlesen konnte.

»Findet man da auch andere Mäuse?«, fragte die Feldmaus. »Ja, sicherlich, schau doch mal
25 ... da ist Chatmaus, Mausnase, Mauscake, Lady Maus und Mausmaster, alles Mäuse«, antwortete die Stadtmaus und sagte weiter: »Ich habe im Chat einen Mäuserich kennen gelernt und bin mit ihm heute Abend verabredet. Er hat
30 alles über sich erzählt. Er hat die längsten Barthaare in der Stadt und er ist Banker, sein Mauseloch ist direkt neben dem Banktresor.«

Die Feldmaus half der Stadtmaus, sich für ihr erstes Blind-Mausdate fein zu machen, sie ging mit ihrer Cousine noch bis vor die Tür und saß dann allein in dem Stadtmauseloch. »Vielleicht«, dachte sie, »vielleicht sollte ich das auch mal versuchen.« Und sie schrieb ganz vorsichtig etwas auf dem Computer, aber sie wusste ja nicht, wie der Computer funktioniert.

Plötzlich kam die Stadtmaus zurück. »Was ist geschehen?«, fragte die Feldmaus. »Der Chatmäuserich« rief die Stadtmaus, »der Mäuserich war gar keiner, sondern eine riesengroße Katze und ich konnte im letzten Moment weglaufen! Und er klang so ehrlich im Chat. Nie wieder ein Blind Date. Nie wieder chatten. Nie wieder Computer.« Und blitzschnell schaltete sie den Computer ab.

Die Feldmaus war ganz erschrocken. Ihr wurde klar: Hier konnte sie nicht glücklich werden, sie musste wieder auf ihr Feld. Sie bat ihre Cousine noch, ihr die Computermaus zu schenken. Die Stadtmaus tat dies gerne und die Feldmaus fuhr nach Hause. Unter dem Arm trug sie die Computermaus.

Als sie wieder zu Hause war, fühlte sie sich auch nicht mehr allein, denn sie hatte ja nun die schöne Computermaus. Hier war er, der ideale Partner: Er fraß nie den Kühlschrank leer, widersprach nie und ließ auch keine Socken auf dem Wohnzimmerteppich liegen. Die Feldmaus war sehr glücklich.

Und wenn sie nicht gestorben sind, dann leben sie noch heute – ohne Internetanschluss.

 2 a) **Erklären Sie: Was bedeutet *chatten*?**

b) **Warum will die Feldmaus nicht in der Stadt bleiben?**

 3 a) **Lesen Sie den Text noch einmal. Unterstreichen Sie die Präteritumsformen aus dem Text zu den folgenden Infinitiven.** ☞ 152

gefallen – geben – ziehen – nennen – aussehen – rufen – anfangen –
sehen – stehen – scheinen – gehen – helfen – sitzen – denken –
schreiben – wissen – kommen – klingen – werden – bitten – tun – fahren –
tragen – fressen – widersprechen – lassen

 b) **Ordnen Sie die Präteritumsformen in eine Tabelle im Heft.**

a	i/ie	o	u	Sonderformen
geben – gab aussehen – sah aus	gefallen – gefiel	ziehen – zog	fahren – fuhr	nennen – nannte denken –

▶ Im Mündlichen benutzt man meistens das Perfekt. Das Präteritum benutzt man vor allem in schriftlichen Texten, z. B. wenn man eine längere Geschichte erzählt.
Nur bei *haben*, *sein* und den Modalverben benutzt man auch im Mündlichen meistens das Präteritum.

4 Schreiben Sie eine Zusammenfassung der Geschichte. Benutzen Sie das Präteritum.

1. Feldmaus – zur Stadtmaus ziehen

_____

_____

2. Stadtmaus – im Internetcafé wohnen

_____

_____

3. Stadtmaus – Feldmaus – Chat – zeigen

_____

_____

4. sie – Verabredung – mit einem Chatpartner – haben

_____

_____

5. aber – sie schon bald – zurückkommen

_____

_____

6. Chatpartner – Katze – sein

_____

_____

7. Feldmaus – Leben in der Stadt – nicht gefallen

_____

_____

8. Deshalb – sie – wieder nach Hause – gehen

_____

_____

5 Welches Verb ist richtig? Kreuzen Sie an.

> ⇧ ▾   ⇩ ▾   📤 Antworten 📥 Allen antworten 📨 Weiterleiten   🚩 🖨 📧 🗑 ▦ A⁺   📁 Posteingang ▾
>
> Liebe Anita,
> eigentlich _____¹ ich dich gestern anrufen, aber du _____² nicht zu Hause. Um 20 Uhr _____³
> ich dann weg, denn ich _____⁴ mit Peter verabredet.
> Deshalb _____⁵ ich jetzt diese E-Mail. Hast du die Stelle als Sekretärin bekommen?
> Wie _____⁶ das Gespräch mit deinem Chef? _____⁷ mir bald, ich _____⁸ gern von dir _____⁹.
> Viele Grüße
> Rainer

1. a) ☐ wollen
   b) ☐ will
   c) ☐ wollte

2. a) ☐ warst
   b) ☐ war
   c) ☐ wart

3. a) ☐ müsste
   b) ☐ musste
   c) ☐ müssen

4. a) ☐ war
   b) ☐ waren
   c) ☐ warst

5. a) ☐ schreibe
   b) ☐ schrieb
   c) ☐ schreiben

6. a) ☐ gelaufen
   b) ☐ lief
   c) ☐ liefen

7. a) ☐ antworte
   b) ☐ antwortete
   c) ☐ antwortest

8. a) ☐ wurde
   b) ☐ wird
   c) ☐ würde

9. a) ☐ hören
   b) ☐ hörte
   c) ☐ gehört

C Früher war alles anders …

1 Sie sehen zwei Fotos aus Berlin. Das Foto links ist von 1930, das Foto rechts
von heute. Beschreiben Sie die Unterschiede.

> Früher fuhren wenige Autos
> durch die Innenstadt.

> Früher gab es
> noch Pferdewagen.

> Heute sieht man keine
> Fußgänger mehr.

> Heute fahren viele Leute
> mit dem Auto ins Zentrum.

2 Vergleichen Sie Ihr Leben im Heimatland mit Ihrem Leben heute
in Deutschland. Wie war es damals? Wie ist es heute?

> In meiner Heimat
> mussten/konnten wir …

> Damals gab es … /
> hatten wir …

3 Frau Hoffmann erinnert sich an ihre Kindheit und Jugend.
Hören Sie das Interview zweimal und beantworten Sie dann die Fragen.

1. Wie viele Geschwister hatte Frau Hoffmann?
2. Wo hat Frau Hoffmann gewohnt?
3. Was hat Frau Hoffmann jeden Tag vor der Schule gemacht?
4. Mit wie viel Jahren war Frau Hoffmann mit der Schule fertig?
5. Was hat Frau Hoffmann am Abend gemacht?
6. Was war früher anders als heute?

4 Was wissen Sie über das Leben Ihrer Großeltern? Erzählen Sie.

Alles klar?

1 **Ergänzen Sie den Text.**

Internetcafé – Cousine – Verabredung – Chat – Moment – aufgeregt –
Computermaus – Leben – Computer – gefährlich – glücklich – Katze

Die Feldmaus zog zu ihrer _____, der Stadtmaus, die in einem
_____ wohnte und einen _____ hatte.
Die Stadtmaus zeigte der Feldmaus den _____. Am Abend hatte
sie eine _____ mit einem Chatpartner und war schon ganz
_____. Aber der Chatpartner war eine _____
und die Stadtmaus konnte nur im letzten _____ weglaufen.
Die Feldmaus sah, dass das _____ in der Stadt _____
ist. Sie nahm die _____ mit und ging wieder nach Hause,
wo sie _____ lebte.

2 **Regelmäßiges oder unregelmäßiges Verb? Ergänzen Sie die Tabelle.**

Infinitiv	Präteritum	Partizip Perfekt
anfangen	_____	_____
_____	rief an	_____
_____	antwortete	_____
_____	_____	gearbeitet
brauchen	_____	_____
_____	kaufte … ein	_____
_____	_____	gegeben
fahren	_____	_____
_____	ging	_____
_____	_____	geholfen
kommen	_____	_____
_____	nahm	_____
_____	_____	gesehen
stehen	_____	_____
_____	telefonierte	_____
_____	_____	gewusst

3 **Schreiben Sie die Sätze im Präsens.**

1. Früher gab es nur wenige Autos.
   Heute _____
2. Früher kostete ein Brötchen 10 Pfennig.
   Heute _____

3. Vor einem Jahr verstand ich fast nichts auf Deutsch.
   Heute _____
4. Früher ging ich nur selten ins Schwimmbad.
   Heute _____
5. Früher kam jede Woche ein Gemüsehändler mit Pferd und Wagen.
   Heute _____

4 **Schreiben Sie die Geschichte in der Vergangenheit (im Präteritum oder Perfekt). Beachten Sie: Einige Verben bleiben im Präsens.**

Am nächsten Wochenende fahren wir zu meinen Eltern. Sie wohnen in
Erfurt und wir wollen den Geburtstag meines Vaters feiern. Fast alle
meine Geschwister kommen. Nur ein Bruder kann nicht, denn er ist Arzt
und muss arbeiten. Meine Eltern haben einen großen Garten, in dem wir feiern.

Am letzten Wochenende sind wir _____

_____

_____

5 **Schreiben Sie die Biografie von Franziska Wagner. Benutzen Sie das Präteritum. Die Wörter im Kasten helfen Ihnen.**

in die Schule kommen – die Schule beenden – eine Ausbildung
machen – angestellt sein – heiraten – ein Kind bekommen –
Elternzeit nehmen/haben

1973 / mit 6 Jahren: Schule
1983: Schule fertig
1983–1986: Ausbildung
zur Buchhändlerin
1986–1995: angestellt
bei der Buchhandlung Edel
1993: Heirat
1995: erstes Kind, Elternzeit
1997: zweites Kind
seit 2000: wieder bei
der Buchhandlung Edel

_____

_____

_____

_____

6 Daten zur Geschichte

A Deutsche Geschichte – Europäische Geschichte

1 Lesen Sie die Texte und ordnen Sie sie den Bildern zu.

1. In Nürnberg stehen die überlebenden Führer der

20. November 1945 – 11. April 1949

Nazi-Zeit vor Gericht (Nürnberger Prozesse). Die Prozesse enden mit hohen Strafen (12 Todesurteile und Haftstrafen zwischen 10 Jahren und lebenslänglich).

2. Die beiden deutschen Staaten Deutsche Demokratische Republik (DDR)

1949

und Bundesrepublik Deutschland (BRD) entstehen. Die Regierung der DDR hat ihren Sitz in Ost-Berlin, die Regierung der Bundesrepublik in Bonn.

3. In Ost-Berlin protestieren Arbeiter gegen die kommunistische Führung.

17. Juni 1953

4. In Berlin entsteht die Mauer, nachdem zuvor

13. August 1961

Tausende von Menschen von Ost- nach Westdeutschland geflüchtet sind.

▶ Schauen Sie im Internet unter www.wissen.de nach und klicken Sie auf Geschichte.

2 Kennen Sie wichtige Ereignisse der europäischen Geschichte in den letzten 40 Jahren?
Ordnen Sie die Ereignisse den Daten zu.

Die UdSSR bricht zusammen. ☐1

Der Euro ersetzt in zwölf EU-Staaten die nationalen Währungen. ☐2

Ende der Franco-Diktatur in Spanien. ☐3

Die Europäische Union bekommt zehn neue Mitglieder. ☐4

In Griechenland herrscht eine Militärdiktatur. ☐5

In Prag marschiert Militär des Warschauer Pakts ein.
Das ist das Ende der politischen Reformen in der ČSSR
(Prager Frühling). ☐6

Auf der Lenin-Werft in Danzig streiken die Arbeiter.
Die Gewerkschaft „Solidarność" entsteht. ☐7

Ungarn öffnet seine Grenzen nach Österreich. ☐8

a	27. Juni 1989 *8*
b	Sommer 1980 *7*
c	1991 *1*
d	21. August 1968 *6*
e	1967–1974 *5*
f	1. Mai 2004 *4*
g	1975 *3*
h	1. Januar 2002 *2*

5. Höhepunkt der Studentenproteste in der Bundesrepublik. Die Studenten protestieren gegen den Vietnam-Krieg und fordern eine Reform der Universitäten sowie allgemeine soziale Reformen.

6. Die Bundesrepublik und die DDR schließen einen Vertrag, mit dem politische Beziehungen zwischen den beiden deutschen Staaten möglich werden. Seit dem Mauerbau hatte es jahrelang keine Gespräche zwischen Bonn und Ost-Berlin gegeben.

7. Die DDR öffnet nach großen Protesten und Demonstrationen alle Grenzen zur Bundesrepublik Deutschland und nach West-Berlin.

8. Die Bundesrepublik Deutschland und die DDR werden wieder ein Staat.

1968	1972	9. November 1989	3. Oktober 1990

g *4*   h *1*

3 Bilden Sie Sätze mit den Informationen aus den Aufgaben 1 und 2.
Benutzen Sie das Präteritum.

> Am 1. Januar 2002 …

> 1991 brach die UdSSR zusammen.

Regelmäßige Verben
ersetzen – herrschen –
einmarschieren –
streiken – öffnen

4 Was sind die wichtigsten Ereignisse in der jüngeren Geschichte Ihres Landes?
Was war für Sie besonders wichtig? Erzählen Sie.

1
2
3
4
5
6
7
8
9
10
11
12
13
14
15
16
17
18
19
20
21
22
23
24
25
26
27
28
29
30
31
32
33
34
35
36
37
38
39
40
41
42

B Zeiten und Nebensätze

1 a) **Lesen Sie den Text.**

Im Sommer und Herbst 1989 passierte sehr viel. Zehntausende von Menschen kamen aus der DDR nach Westdeutschland. In der DDR gab es große Demonstrationen gegen die kommunistische Partei. Als immer mehr Menschen auf die Straße gingen, hatte die DDR-Regierung keine Wahl mehr. Sie musste den Menschen mehr Freiheiten geben. Der Fall der Mauer am 9. November 1989 war das Ergebnis von Protestaktionen in der DDR, die schon Monate vorher begonnen hatten. Nachdem die Menschen am Anfang vor allem Reisefreiheit und Demokratie gefordert hatten, wurde Ende 1989 die Wiedervereinigung immer wichtiger.

Nachdem die DDR-Bürger am 23. März 1990 eine neue Regierung gewählt hatten, gab es Gespräche zwischen Bonn, Ost-Berlin und den Alliierten und schon am 3. Oktober 1990 konnte man die Wiedervereinigung der beiden deutschen Staaten feiern.

b) **Was ist richtig? Kreuzen Sie an und korrigieren Sie die falschen Aussagen.**

	richtig	falsch
1. Die Wiedervereinigung war 1989.	☐	☐
2. Vor dem Mauerfall gab es in der DDR große Demonstrationen.	☐	☐
3. 1989 gab die DDR-Regierung den Menschen keine Freiheiten.	☐	☐
4. 1990 wählten die DDR-Bürger eine neue Regierung.	☐	☐

Die Wiedervereinigung war nicht ..., sondern ...

2 **Vergleichen Sie die Zeiten.** ☞ 152/153

Am 9. November 1989 fiel die Mauer. Vorher **hatte** es in der DDR große Demonstrationen **gegeben**.
Als Frau Kröger nach Hause kam, **war** ihr Sohn schon ins Bett **gegangen**.
Nachdem wir in Dresden **angekommen waren**, haben wir ein Hotel gesucht.

> **Für die Vergangenheit gibt es Perfekt, Präteritum und Plusquamperfekt.
> Das Plusquamperfekt benutzt man, wenn etwas <u>vor</u> einem anderen
> Ereignis in der Vergangenheit passiert ist. Man bildet es mit den
> Präteritumsformen der Verben *sein* oder *haben* und dem Partizip II.**

3 Was war vorher? Schreiben Sie Sätze im Plusquamperfekt.

1. Sie fühlte sich sehr müde. _Sie hatte zu viel gearbeitet_ . (zu viel arbeiten)
2. Ich war wütend. Mein Freund _____ . (wieder zu spät kommen)
3. Ich war gestern im Kino. Aber der Film _____ . (schon anfangen)
4. Ich musste gestern Abend ein Taxi nehmen. Die letzte U-Bahn _____ .
   (schon wegfahren)

4 Temporale Nebensätze mit *nachdem*. Lesen Sie die Sätze. ☞ 153

1. Er diskutierte lange mit dem Direktor. Dann bekam er die Stelle als Filialleiter.
   Nachdem er lange mit dem Direktor **diskutiert hatte**, **bekam** er die Stelle als Filialleiter.
2. Zuerst gehen sie einkaufen. Danach putzen sie die Wohnung.
   Nachdem sie einkaufen **gegangen sind**, **putzen** sie die Wohnung.

> In Satzverbindungen mit *nachdem* gibt es immer einen Zeitenwechsel. Wenn der *nachdem*-Satz im Plusquamperfekt steht, steht der Hauptsatz im Perfekt oder Präteritum. Wenn der *nachdem*-Satz im Perfekt steht, steht der Hauptsatz im Präsens.

5 Temporale Nebensätze mit *(immer) wenn*, temporale Nebensätze mit *als*. ☞ 153
Vergleichen Sie die Sätze.

1.
Als ich in die Schule kam, bekam ich viele Geschenke.

2.
Immer wenn Pause war, bin ich auf den Schulhof gerannt.

> Temporale Nebensätze mit *als* stehen immer in der Vergangenheit. Sie beschreiben ein Ereignis in der Vergangenheit, das nur einmal passiert ist. Temporale Nebensätze mit *wenn* in der Vergangenheit beschreiben ein Ereignis, das mehrmals passiert ist.

6 Verbinden Sie die Sätze.

Ich fand es immer langweilig, ☐1

Nachdem er die Bücher gelesen hatte, ☐2 ☐a war er ziemlich gut informiert.

Als es anfing zu regnen, ☐3 ☐b als der Unfall passierte.

Wenn ich früher keine Lust zu den ☐c wenn im Fernsehen ein Fußballspiel kam.

Hausaufgaben hatte, ☐4 ☐d haben wir uns unter einen Baum gestellt.

Zum Glück gab es keine Verletzten, ☐5 ☐e wenn du morgen nicht kommst.

Nachdem sie letzte Woche eine neue ☐f denken sie jetzt nur noch an neue Möbel.

Wohnung gefunden haben, ☐6 ☐g habe ich sie einfach nicht gemacht.

Sag bitte Bescheid, ☐7

C Geschichte erleben – Das Haus der Geschichte in Bonn

1 a) **Lesen Sie den Text.**

■ Geschichte erleben in einem modernen Museum

Das Haus der Geschichte der Bundesrepublik Deutschland zeigt deutsche Zeitgeschichte vom Ende des Zweiten Weltkriegs bis heute. Seit seiner Eröffnung am 14. Juni 1994 konnte das Haus der Geschichte fast neun Millionen Besucher aus aller Welt begrüßen.
Das Museum präsentiert Politik-, Wirtschafts- und Gesellschaftsgeschichte, Lebensbedingungen des Alltags sowie wichtige Aspekte aus Kunst und Kultur.

Wechselnde Ausstellungen und Veranstaltungen mit Lesungen, Theater und Filmen ergänzen das Programm.

Zu den Sehenswürdigkeiten des Museums gehören auch der Eisenbahn-Salonwagen der Bundeskanzler und ein Gebäude aus dem 2. Jahrhundert n. Chr.*. Der Museumsgarten zeigt die Entwicklung vom Kleingarten der Nachkriegszeit bis zum Garten von heute, einschließlich einer Auswahl von Spielgeräten für Kinder aus der Vergangenheit.

Das Informationszentrum – Bibliothek und Mediathek – und die Bibliothek zur Geschichte der DDR (Adenauerallee 8) laden ein, sich weiter über die Themen der Ausstellungen zu informieren.

Außerdem bietet das Museum besondere Programme z. B. für Schüler an.
Im Museumsshop steht ein großes Sortiment zur Verfügung.
Das Museumscafé lädt ein zur Erholung.

Haus der Geschichte
Willy-Brandt-Allee 14
53113 Bonn
Tel.: (0228) 91 65-0
E-Mail: post@hdg.de

Öffnungszeiten: Di.–So. 9.00 – 19.00 Uhr
Eintritt frei

Stiftung Haus der Geschichte der Bundesrepublik Deutschland

* n. Chr. = nach Christus

b) **Wem empfehlen Sie, in das Haus der Geschichte zu gehen?**

1. Peter interessiert sich für die Wiedervereinigung.
2. Karin möchte etwas über den Prager Frühling wissen.
3. Nadja muss ein Referat über die DDR schreiben.
4. Ahmed hätte gern Informationen über die Streiks auf der Lenin-Werft in Danzig.

c) **Notieren Sie zwei Fragen zum Text. Fragen Sie sich gegenseitig und antworten Sie.**

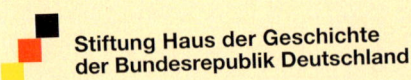

Was zeigt das Museum?

2 **Beschreiben Sie die Angebote des Museums mit Hilfe der folgenden Stichwörter.**

Ausstellungen – Museumsgarten – Informationszentrum –
besondere Programme – Museumscafé

3 Ausstellungen im Haus der Geschichte. Wann ist was?

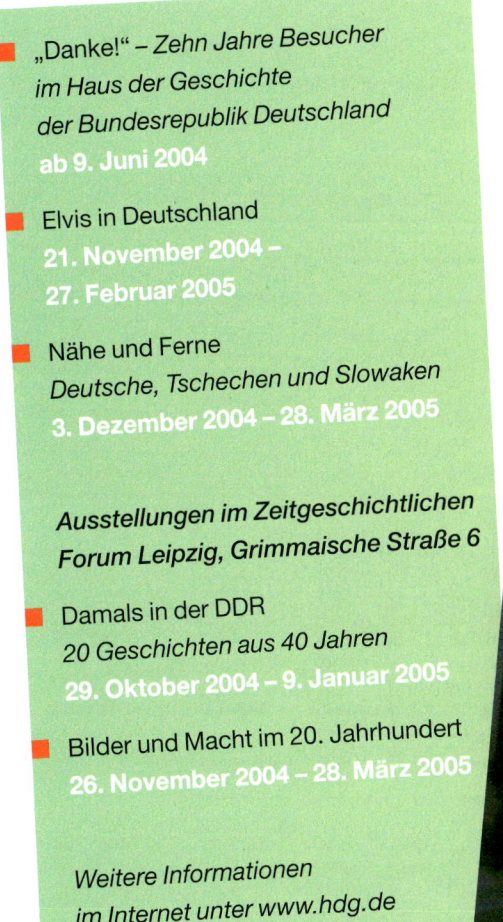

- „Danke!" – Zehn Jahre Besucher im Haus der Geschichte der Bundesrepublik Deutschland
  ab 9. Juni 2004

- Elvis in Deutschland
  21. November 2004 – 27. Februar 2005

- Nähe und Ferne
  Deutsche, Tschechen und Slowaken
  3. Dezember 2004 – 28. März 2005

  Ausstellungen im Zeitgeschichtlichen Forum Leipzig, Grimmaische Straße 6

- Damals in der DDR
  20 Geschichten aus 40 Jahren
  29. Oktober 2004 – 9. Januar 2005

- Bilder und Macht im 20. Jahrhundert
  26. November 2004 – 28. März 2005

  Weitere Informationen im Internet unter www.hdg.de

4 Welche Ausstellung würden Sie gern besuchen? Warum? Diskutieren Sie im Kurs.

5 Sie hören jetzt vier kurze Texte. Was ist richtig? Was ist falsch?
Kreuzen Sie an.

	richtig	falsch
Text 1: Die Ausstellung „Meine Firma" kann man morgen zum letzten Mal sehen.	☒	☐
Text 2: Am 19.7. ist das Museum für Stadtgeschichte auch nachts geöffnet.	☒	☐
Text 3: Man braucht zehn Minuten, um vom Hauptbahnhof zum Schlossberg-museum zu kommen.	☐	☐
Text 4: Es hat schon viele Ausstellungen über die Geschichte der Spionage gegeben.	☐	☒

6 Gibt es in Ihrer Stadt Möglichkeiten, sich über die Geschichte der Stadt zu informieren? Notieren Sie die Adressen von Museen und die Öffnungszeiten. Welche aktuellen Ausstellungen gibt es? Stellen Sie Ihre Ergebnisse im Kurs vor.

1 **Ergänzen Sie den Text.**

Bundesrepublik Deutschland – Staaten – Regierungen – Kontakt – Vertrag –
Beziehungen – Mauerbau – Wiedervereinigung – Mauerfall

Die _____ und die DDR entstanden 1949. Die _____
waren von Anfang an schwierig und nach dem _____ 1961 gab es
einige Jahre fast keinen _____ zwischen den beiden deutschen
_____ . Nachdem die _____ in Bonn und Ost-Berlin
1972 einen _____ unterschrieben hatten, wurde das Verhältnis etwas
besser. Erst nach dem _____ 1989 änderte sich alles, denn nun war es nur
noch ein kleiner Schritt bis zur _____ .

2 **Verbinden Sie die Sätze mit *nachdem*.**

1.
Herr Schmidt –
die Wohnungstür zu-
machen – einfallen –
ihm – der Schlüssel

2.
David – Preise
vergleichen – einen
Computer bei
Nordtech kaufen

3.
Natascha – die Haus-
aufgaben machen –
zu ihrem Freund
gehen.

4.
Familie Becker – am
Urlaubsort an-
kommen – gleich
zum Strand laufen

a) **Schreiben Sie die Sätze im Plusquamperfekt und im Perfekt oder Präteritum.**

1. *Nachdem Herr Schmidt die Wohnungstür zugemacht hatte, fiel ihm der Schlüssel ein.* _____

2. *Nachdem David* _____

3. _____

4. _____

b) **Schreiben Sie die Sätze im Perfekt und im Präsens.**

1. *Nachdem Herr Schmidt die Wohnungstür zugemacht hat, fällt ihm der Schlüssel ein.* _____

2. *Nachdem David* _____

3. _____

4. _____

3 Ergänzen Sie *wenn* oder *als*.

1. Was haben die Menschen gemacht, _____ es noch kein Fernsehen gab?
2. Ich war früher jedes Mal aufgeregt, _____ ich in ein Flugzeug gestiegen bin.
   Aber _____ ich letzte Woche fliegen musste, hatte ich plötzlich keine Angst mehr.
3. _____ es früher im Winter geschneit hat, blieb der Schnee lange liegen.
4. _____ im Fernsehen ein Fußballspiel kam, habe ich nie zugeschaut.
   Aber _____ Werder Bremen deutscher Meister wurde, habe ich mich auch gefreut.
5. Wir waren sehr überrascht, _____ wir erfuhren, dass Maria geheiratet hat.
6. Sie stellt das Fahrrad in den Keller, _____ es draußen regnet.

4 Was haben Sie in Deutschland erlebt? Erzählen Sie im Kurs.
Benutzen Sie *als* und *wenn*.

Als ich zum ersten Mal in Deutschland war, habe ich Freunde besucht.

Jedes Mal / Immer, wenn ich ein Wort nicht verstand, habe ich noch einmal gefragt.

5 Sie rufen beim Haus der Geschichte an. Fragen Sie nach Adresse und Öffnungszeiten.
Schreiben und spielen Sie einen Dialog.

Haus der Geschichte: meldet sich

Begrüßung, Name. Wann geöffnet?

Dienstag bis Sonntag, 9–19 Uhr

Wegbeschreibung?

U-Bahn Linien 16, 63, 66
bis zur Willy-Brandt-Allee,
Haltestelle Heussallee/Museumsmeile.

sich bedanken/verabschieden

sich verabschieden

_____

_____

_____

_____

_____

_____

_____

Lektion
7 Ganz weit weg

A Urlaubsziele

1 Was bedeutet Urlaub für Sie? Sammeln Sie Stichwörter an der Tafel.

Wo?	Was?	Wie?
im Süden	Sport treiben	Hotel
auf einer Insel	faulenzen	Auto
...	...	...

2 a) Beschreiben Sie die Fotos. Wo sind die Leute und was machen sie?

Die Leute auf dem Balkon sind nicht in Urlaub gefahren.

Sie machen zu Hause Ferien.

Auf dem Foto 4 stehen zwei Personen mit einem Stadtplan.

Vielleicht suchen sie ein Museum.

b) Wo würden Sie gern Urlaub machen?

3 Familie Becker unterhält sich über den nächsten Urlaub.
Hören Sie das Gespräch. Über welche Urlaubsarten, Urlaubsziele
und Freizeitaktivitäten reden die Personen? Kreuzen Sie an.

Urlaubsarten	Urlaubsziele	Aktivitäten
☐ Bildungsreise	☐ Spanien	☒ Rad fahren
☒ Abenteuerurlaub	☐ Griechenland	☐ reiten
☒ Campingurlaub	☒ Kenia	☐ wandern
☐ Gruppenreise	☒ Italien	☐ Volleyball spielen
☒ Rundreise	☒ Borkum	☒ Museen besichtigen

4 Hören Sie das Gespräch noch einmal und beantworten Sie die Fragen.

1. Warum will Herr Becker nicht auf Borkum Urlaub machen? *immer dasselbe*
2. Was für einen Urlaub würde Frau Becker gern am Chiemsee machen?
3. Was kann man in Kenia sehen? *Tiere*
4. Warum findet Herr Becker Städtereisen nicht so interessant? *viele Menschen*
5. Warum möchten die Kinder eine Radtour machen? *Sport Rundreise Camping Städte besicht*

5 Lesen Sie die Regel und ergänzen Sie *derselbe, dieselbe, dasselbe* und *dieselben*.   ☞ 154

+ Auf Borkum waren wir schon so oft. Immer _____ Pension und immer
_____ Strand. Ich möchte gerne mal etwas anderes machen.

– Das ist doch wie auf Borkum. Immer _____ ! Wir liegen in der Sonne und
schwimmen ein bisschen im Wasser.

+ Eine Radtour wäre mal etwas anderes. Nicht wieder _____ Ferien wie jedes Jahr.

> **derselbe, dieselbe, dasselbe** und **dieselben** drücken eine Identität aus.
> **Man dekliniert sie wie den bestimmten Artikel.**

6 Ergänzen Sie die Sätze.

dieselben – dasselbe – derselbe – denselben – demselben – denselben – dieselben – dasselbe

1. Sie trägt _____ Kleid wie gestern.
2. Wir arbeiten immer mit _____ Lehrbüchern.
3. Mit der Adjektivdeklination hat Guido immer _____ Probleme.
4. Seit sein Hund gestorben ist, ist Herr Kaiser sehr traurig und gar nicht mehr wie früher.
   Er ist einfach nicht mehr _____ .
5. Es ist immer _____ . Nie kannst du pünktlich sein!
6. Es ist kaum zu glauben! Jeden Tag trägt er _____ Pullover.
7. Warum gibt es im Fernsehen immer nur Wiederholungen? Immer _____ Filme!
8. Er ist mit _____ Zug gekommen wie ich.

7 Urlaubsplanung

a) **Sie planen einen Urlaub. Was müssen Sie machen? Machen Sie eine Liste mit Hilfe der Wörter im Kasten. Woran müssen Sie noch denken? Ergänzen Sie.**

> Straßenkarten   Flug und Hotel   Badesachen   Landkarten
> Autocheck   Regensachen   Ersatzteile   Rucksäcke
> Campingsachen   Campingplätze   Reiseführer   Stadtpläne   …

Fahrradtour rund um den Bodensee	Flugreise nach Mallorca	Städtereise mit dem Auto durch Italien
Straßenkarten einpacken	Flug und Hotel buchen	Reiseführer mitnehmen

b) **Sprechen Sie über Ihre Urlaubsplanung.**

+ Für eine Städtereise durch Italien brauche ich einen Reiseführer
  mit Informationen über Museen.
– Für eine Fahrradtour rund um den Bodensee sind Regensachen wichtig.

8 Die Reiseziele der Deutschen

a) **Beschreiben Sie die Statistik.**

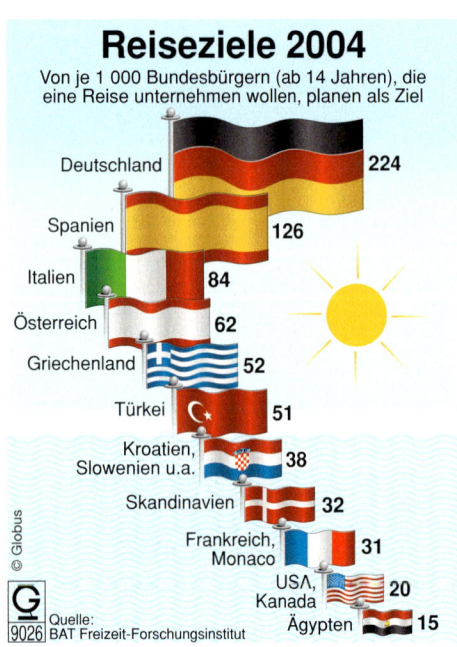

Die meisten Deutschen wollen in Deutschland Urlaub machen.

Nach Deutschland ist Spanien das beliebteste Reiseziel der Deutschen.

8,4 Prozent der Deutschen planen nach … zu fahren.

In die … fahren fast so viele Deutsche wie nach Griechenland.

In Ägypten machen nur wenige …

b) **Sprechen Sie über die Statistik.**

+ Es überrascht mich, dass die meisten Deutschen in Deutschland bleiben.
– Ich finde es interessant, dass auch Österreich ein beliebtes Reiseziel ist.
+ Vielleicht ist das so, weil man in Österreich auch Deutsch spricht.
– Ich finde es erstaunlich, dass nur wenige Deutsche …

B Eine schriftliche Anfrage

1 Sammeln Sie die Informationen über die Pension Meerblick an der Tafel.

Der Hafen von Wismar

Erika Staack
Fischkaten Nr. 19
23970 Wismar
Tel. 03841/ 25 02 97
www.pension-meerblick.de

Die Pension befindet sich 500 m von der Ostsee.
Alle Zimmer mit Blick auf die Ostsee.
Frühstück auf Wunsch 4,00 EUR

„Kapitänszimmer"
2-Raum-Appartement
für 4 Personen
54,00 Euro

„Fischerzimmer"
1-Raum-Appartement
für 2 Personen
32, 00 Euro

Lage	Zimmer	Preise	Frühstück	besonderer Vorteil
500 m bis zur Ostsee				

2 a) Ergänzen Sie in dem Brief die fehlenden Wörter.

geehrte – könnten – interessiert – Grüßen – ob – Antwort – würden – Anzeige

Familie Jarchow
Carl-Meyer-Str. 89
04179 Leipzig

Leipzig, 4. Januar 2005

Pension Meerblick
Frau Erika Staack
Fischkaten 19
23970 Wismar

Ferienappartement Kapitänszimmer

Sehr _geehrte_ Frau Staak,

in dem Ferienkatalog „Rund um Wismar" haben wir Ihre _Anzeige_ gelesen und _würden_ gerne wissen, _ob_ das Kapitänszimmer vom 1.8. bis 16.8. noch frei ist. Wir sind 3 Personen (2 Erwachsene und 1 Kind, 4 Jahre). Uns _interessiert_ auch, wie groß das Kapitänszimmer ist. _Könnten_ Sie uns vom Bahnhof abholen? Wir kommen nämlich mit dem Zug und nicht mit dem Auto. Wir freuen uns auf Ihre _Antwort_ .

Mit freundlichen _Grüßen_

Jörg Jarchow

b) Der formelle Brief. Was steht wo? Ordnen Sie zu.

1. Anrede   3. Unterschrift   5. Datum   7. Absender
2. Text   4. Betreff   6. Grüße   8. Empfänger

C Auto und Urlaub

1 Sehen Sie sich die Zeichnung an und ordnen Sie die Wörter zu.

1. ☐ der Motor
2. ☐ der Sicherheitsgurt
3. ☐ der Blinker
4. ☐ der Scheinwerfer
5. ☐ der Kofferraum
6. ☐ der Scheibenwischer
7. ☐ das Rad
8. ☐ die Motorhaube
9. ☐ der Reifen
10. ☐ der Seitenspiegel
11. ☐ das Lenkrad
12. ☐ der Tank
13. ☐ das Gaspedal
14. ☐ die Bremse
15. ☐ die Kupplung

2 Autocheck vor der Fahrt in den Urlaub. Was sollte man machen?

 a) Machen Sie eine Liste.

– Bremsen prüfen

– Reifen aufpumpen

– Ersatzteile einpacken

– ...

b) Vergleichen Sie im Kurs.

Man sollte die Bremsen prüfen.

Man sollte die Reifen aufpumpen.

Man sollte Ersatzteile einpacken.

D Das Passiv

 1 Sehen Sie sich die Bilder an. Was macht Herr Schneider? Ordnen Sie zu und erzählen Sie.

a	Tank füllen	c	Reifen aufpumpen	e	Öl kontrollieren
b	Kofferraum voll packen	d	Scheinwerfer prüfen	f	Auto waschen

> Auf Bild 3 kontrolliert Herr Schneider das Öl.

2 Was passiert mit dem Auto? Ergänzen Sie die Sätze.

1. Das Auto **wird gewaschen**.
2. Das Öl _____ .
3. Die Scheinwerfer **werden** _____ .
4. Die Reifen _____ .
5. Der Tank _____ .
6. Der Kofferraum _____ .

3 Ergänzen Sie die Regel.

☞ 154

Das Passiv Präsens bildet man mit _____ und dem Partizip II.

 4 Schreiben Sie Sätze wie im Beispiel.

Beispiel:
Kinder – Zimmer aufräumen
Die Kinder räumen das Zimmer auf. → Das Zimmer wird von den Kindern aufgeräumt.

1. Lehrerin – Grammatikregel erklären
2. Frau Jarchow – Tisch decken
3. Polizei – Autos kontrollieren
4. viele Leute – die Werbung sehen

☞ 154/155

5 Vergleichen Sie die Sätze.

Sonntags arbeitet man in der Fabrik nicht.
Sonntags wird in der Fabrik nicht gearbeitet.

Man benutzt das Passiv sehr oft ohne Nominativergänzung. Dann steht *werden* immer in der 3. Person Singular. Mündlich wird anstatt des Passivs oft *man* verwendet.

6 Was wird hier gemacht? Schreiben Sie Sätze.

1. Hier baut man ein Haus.
Hier wird _____

_____

2. Hier lernt man.
_____

_____

3. Hier spielt man Fußball.
Hier wird _____

_____

4. Hier backt man Brot.
_____

_____

5. Hier singt und lacht man.
_____

_____

6. Hier diskutiert man.
_____

_____

7 Vergleichen Sie die Sätze und ergänzen Sie die Regel.
☞ 154

Herr Schneider hat das Öl kontrolliert.
Das Öl ist von Herrn Schneider kontrolliert worden.

Das Passiv Perfekt bildet man mit *sein*, dem Partizip II und
_____ .

✎ **8** Schreiben Sie die Sätze aus Übung 4 im Perfekt (Aktiv und Passiv).

Beispiel:
Die Kinder haben das Zimmer aufgeräumt.
Das Zimmer ist von den Kindern aufgeräumt worden.

E Verkehr

 1 **Sehen Sie sich die Fotos an und diskutieren Sie im Kurs.**

1. Wie kommt man am schnellsten zum Urlaubsort?
2. Welches Verkehrsmittel ist am bequemsten?
3. Welche Probleme kann es unterwegs geben?

> Mit dem Flugzeug ist man am schnellsten.

> Mit dem Auto kann man eine Panne haben.

> Das Auto ist am bequemsten, denn man muss nicht auf den Fahrplan achten.

2 **Hören Sie die Texte und ergänzen Sie die Lücken.**

Bahnhofsdurchsage:
1. Der ICE _____ von München und _____ nach Hamburg.
2. Der Zug sollte um 21.32 Uhr _____ und um 21.37 Uhr wieder _____ .
3. Der Zug hat 10 bis 15 Minuten _____ .

Verkehrsmeldungen:
1. Auf der A3 kann man nur auf der _____ Fahrspur fahren.
   Der _____ ist 7 km lang.
2. Auf der A8 liegen _____ auf der Fahrbahn.
3. Die B12 kann man bei Mühldorf nicht benutzen, sie ist in beiden _____ gesperrt.
   Man muss eine Umleitung nehmen.

Alles klar?

1 Ergänzen Sie *derselbe, dieselbe, dasselbe*. Achten Sie auf die Deklination.

1. Seit zehn Jahren arbeitet Marina in ———————— Firma.
2. Ich will nicht jeden Tag ———————— essen!
3. Für ———————— Preis bekommst du in einem anderen Geschäft
   ein viel besseres Radio.
4. Das ist ———————— Hund, vor dem auch mein Freund Angst hat.
5. Ich nehme jeden Tag ———————— Straßenbahn, wenn ich zum
   Unterricht fahre.

2 **a) Sie wollen mit Ihrer Familie im Sommer in einer Ferienwohnung in den
   Alpen Urlaub machen. Lesen Sie die Anzeige.**

Sie suchen eine Ferienwohnung am Staffelsee?

Dann kommen Sie zu uns! Im wunderschönen Uffing
am Staffelsee bieten wir in unseren komfortablen
Ferienwohnungen Erholung für bis zu 5 Personen.

Preis: 60 Euro pro Übernachtung
Kontakt: Familie Gerg, E-Mail:gerg-uffing@t-online.de

**b) Schreiben Sie eine E-Mail zu den folgenden vier Punkten.
   Überlegen Sie sich eine passende Einleitung und einen passenden Schluss.
   Vergessen Sie die Anrede nicht.**

– Schreiben Sie, wann Sie kommen und wie lange Sie bleiben möchten.
– Schreiben Sie, wie viele Personen Sie sind.
– Fragen Sie, ob für diese Zeit noch eine Ferienwohnung frei ist.
– Bitten Sie um einen Prospekt über Uffing und den Staffelsee.

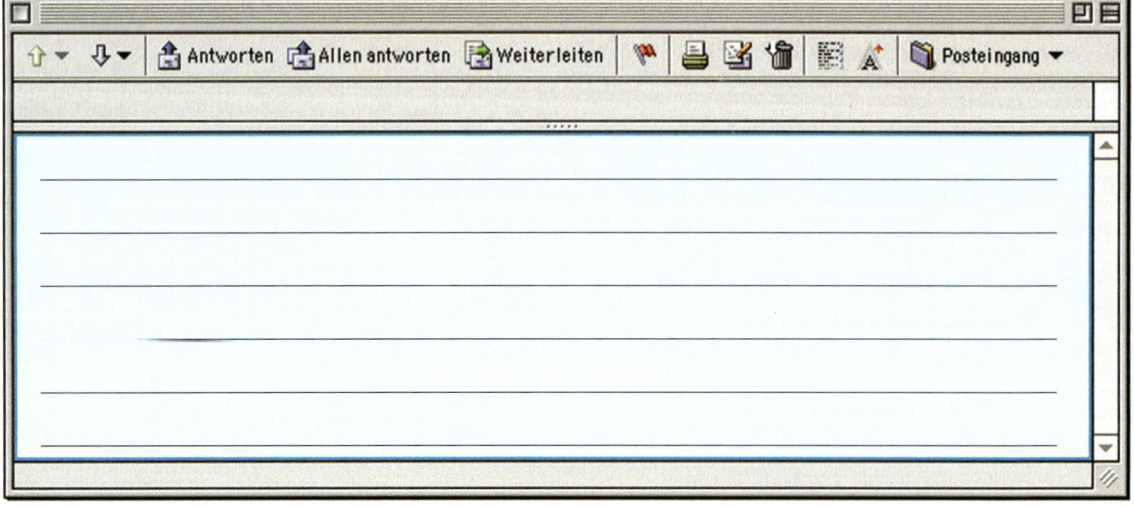

3 a) **Was passt zu welcher Reise? Ordnen Sie die Bilder den Reisen zu.**

Gruppenreise _6, 7_   Städtereise _____   Bildungsreise _____

Campingurlaub _____   Winterurlaub _____   Weltreise _____

 b) **Planen Sie zu zweit eine Reise. Wählen Sie die Art der Reise
und ein Reiseziel aus. Machen Sie eine Liste mit den Dingen, die Sie
brauchen, und verabreden Sie, wer was organisiert (Fahrkarte,
Flugtickets, Hotelreservierung usw). Berichten Sie anschließend
im Kurs.**

 4 **Schreiben Sie die Sätze im Passiv und im Passiv Perfekt.**

1. Der Vater bügelt einmal pro Woche die Hemden.
2. Die Kinder waschen das Geschirr ab.
3. Die Mutter kauft am Samstag die Lebensmittel im Supermarkt ein.
4. Die ganze Familie putzt die Wohnung.
5. Am Abend bringen die Eltern die Kinder ins Bett.

5 **Schreiben Sie die Sätze im Aktiv mit _man_.**

1. Es wird zu viel Kaffee getrunken.
2. Es wird oft zu viel geredet.
3. Es sind viele neue Straßen gebaut worden.
4. Früher sind in Deutschland mehr Autos verkauft worden als heute.
5. Am Wochenende wird nicht gearbeitet.

8 Ein neuer Start

A Geschäftsideen

 1 a) **Der Weg ins Berufsleben. Welche Probleme kann es geben? Sammeln Sie an der Tafel.**

> – Die Ausbildung wird in Deutschland nicht anerkannt.
> – Meinen Beruf gibt es hier nicht.
> – Ich habe noch Probleme Deutsch zu schreiben.
> – Mir fehlt Berufserfahrung. …

 b) **Was könnte man tun, um diese Probleme zu lösen? Notieren Sie Ideen.**

Fortbildungen besuchen, eine Umschulung machen, selbstständig arbeiten …

2 **Yavuz Kargi hat sich selbstständig gemacht, weil er in seinem alten Beruf keine Arbeit gefunden hat.**

a) **Lesen Sie den Text.**

Geschäftsidee: Einwandererservice

Ob es um Steuern, die Aufenthaltserlaubnis oder um Vorschriften geht, der Umgang mit den Behörden und Beamten ist für viele Einwanderer ein Problem. Das wusste Yavuz Kargi aus eigener Erfahrung, deshalb bietet er einen speziellen Service an. Er berät Einwanderer, wie sie bei Behörden am besten auftreten, er erklärt, welche Dokumente wichtig sind, und hilft, wenn ein Antrag abgelehnt wurde. Vor drei Jahren hat Yavuz Kargi als Kurde selbst einen Asylantrag in Deutschland gestellt. Schließlich finanzierte ihm das Arbeitsamt eine Weiterbildung in seinem gelernten Beruf als Buchhalter. Durch ein Praktikum bei einem Rechtsanwalt lernte er die wichtigsten Gesetze kennen. Nun kann er vielen Einwanderern helfen.

b) **Was ist richtig, was ist falsch? Kreuzen Sie an.**

	richtig	falsch
1. Yavuz Kargi bietet seine Beratung seit drei Jahren an.	☐	☐
2. Er hat beim Arbeitsamt eine Umschulung gemacht.	☐	☒
3. Die Beratung ist speziell für Einwanderer.	☒	☐
4. Eine Beratung bei Yavuz Kargi bereitet auf einen Behördenbesuch vor.	☒	☐

3 Zwei weitere Geschäftsideen. Lesen Sie die Texte und beantworten Sie die Fragen.

Geschäftsidee: Puppenspielerin

Nachdem sie einige Zeit als Puppenspielerin am Bremer *Theatrium* gearbeitet hatte, begann Ulrike Andersen ihre eigene Puppenbühne, das *Figuren Theater Bremerhaven.* Oft ist Ulrike auf Tournee. „Ich mache etwa hundert Aufführungen pro Jahr", erzählt sie. Alle Puppen und Masken stellt Ulrike selbst her; ohne fest angestellte Kräfte und ohne viel Kapital führt sie ihr Unternehmen. Aber ihre Familie und Freunde unterstützen sie. Sie kleben Plakate, sitzen an der Kasse oder helfen mit dem Computer. „Auf Leute zuzugehen, neue Kontakte knüpfen und sich so ein Netzwerk schaffen – das gefällt mir an der Selbstständigkeit", meint Ulrike Andersen.

Geschäftsidee: Senfsalon

Erst waren die Senfkompositionen nur ein Experiment, dann wurden daraus individuelle Geschenke für Freunde und schließlich traute Merit Schambach sich mit ihren Produkten auf Wochenmärkte. Mit Kreativität hat sich die 32-jährige Fotografin eine neue Existenz aufgebaut: den „SenfSalon". Anstatt über fehlende Bildaufträge zu klagen, gab Merit ihrer Phantasie eine andere Richtung – mit Erfolg. Heute verkauft sie viele eigene Senfsorten, unter anderem einen Bananensenf. Zuerst füllte Merit den Senf noch mit einem Löffel in die Gläser. Aber es kamen immer mehr Kunden, weshalb sie heute sogar eine Abfüllanlage hat.

1. Welche Arbeiten macht Ulrike Andersen allein?
2. Wobei helfen ihre Freunde und die Familie?
3. Was findet Ulrike Andersen an der Selbstständigkeit gut?
4. Wo hat Merit Schambach den Senf zuerst verkauft?
5. Welchen Beruf hat Merit Schambach gelernt?

 4 **Was können Sie besonders gut?**
Sammeln Sie eigene Geschäftsideen.

> Ich kann sehr gut afrikanisch kochen. Ich könnte vielleicht einen Kochservice anbieten und bei den Kunden zu Hause kochen.

> Ich nähe gern Kleidung. Vielleicht kann ich die ja auf Flohmärkten oder an Geschäfte verkaufen.

B Viele Fragen

1 **a) Lesen Sie die Anzeigen. Welche Anzeige finden Sie interessanter, um sich selbstständig zu machen? Warum?**

Imbiss aus Altersgründen abzugeben, zentrale Lage, Miete: 725 € + Nebenkosten. Informationen: 05 11 / 34 55 78 [a]

Kiosk zu vermieten. Gute Lage, guter Umsatz. Weitere Auskünfte: 05 11 / 20 24 98 [b]

b) Hören Sie den Dialog und beantworten Sie die Fragen.

1. Warum interessiert sich Familie Phan für die Anzeigen?
2. Was möchten Herr und Frau Phan über den Kiosk wissen?
3. Was ist der Vorteil, wenn ein Kiosk Toto und Lotto hat?

[handschriftliche Notizen:] - Job gefällt nicht mehr selbständig
Fahrkarten Warum kann man / aufhören? gut verdienen

2 **Hören und lesen Sie das Telefongespräch zwischen Herrn Phan und dem Kioskbesitzer und ordnen Sie die Fragen zu.**

1. Wie viel kann man denn im Monat damit verdienen?
2. Wann können Sie vorbeikommen?
3. Wo steht er denn?
4. Und wie hoch ist die Miete?
5. Warum wollen Sie eigentlich aufhören?
6. Verkaufen Sie auch Fahrkarten und haben Sie Toto und Lotto?
7. Wie sind Ihre Öffnungszeiten?

+ Karl Oltmann.
– Guten Tag, mein Name ist Hai Phan. Ich rufe wegen Ihrer Anzeige in der *Hannoverschen Allgemeinen* an. Ich interessiere mich für den Kiosk. [3]
+ In der Rundestraße beim Hauptbahnhof. Die kennen Sie bestimmt.
– Allerdings. Da kommen sicher immer viele Leute vorbei. [6]
+ Ja, ich habe beides und das ist natürlich ein großer Vorteil.
– [1]
+ Pro Monat kommt man so auf 12 000 Euro Umsatz. Davon gehen natürlich die Kosten für Miete, Einkauf, Steuern usw. ab.
– [4]
+ Die liegt bei genau 700 Euro im Monat.
– Und dann würde ich gerne noch wissen: [5]
+ Ich bin jetzt 65 und werde langsam zu alt. Deshalb suche ich einen Nachfolger.
– Ich würde mir den Kiosk gerne einmal anschauen. [7]
+ Der Kiosk ist werktags, das heißt montags bis freitags von 7 bis 19 Uhr und am Samstag von 8 bis 14 Uhr geöffnet. [2]
– Am besten wäre morgen Nachmittag so um 5 Uhr.
+ Gut, dann sehen wir uns also morgen Nachmittag, Herr Phan. Auf Wiederhören!

3 Vergleichen Sie die Sätze.

☞ 155/156

Wie sind Ihre Öffnungszeiten? – Ich möchte gern wissen, wie Ihre Öffnungszeiten sind.

> **Die indirekte Frage ist ein Nebensatz. Bei den Fragen mit Fragewort (w-Fragen) beginnt der Nebensatz mit dem Fragewort, bei Fragen ohne Fragewort steht *ob*.**
>
> + Wann fährt die S-Bahn?
> – Ich weiß nicht, *wann* die S-Bahn fährt.
>
> + Fährt die S-Bahn um 9 Uhr?
> + Kannst du mir sagen, *ob* die S-Bahn um 9 Uhr fährt?

4 Was möchte Frau Phan nach dem Telefongespräch von ihrem Mann wissen? Schreiben Sie indirekte Fragen.

Hast du gefragt, ob der Kiosk Toto und Lotto hat?
Hat dir Herr Oltmann gesagt, warum er aufhören will?

5 Kettenspiel. A stellt eine Frage, B wiederholt die Frage indirekt.

Wie spät ist es?

Er/Sie hat gefragt, wie spät es ist.

Gehst du mit ins Café?

Er/Sie hat gefragt, ob ich mit ins Café gehe.

6 Lesen Sie den Text. Welche Wörter passen in die Lücken 1 bis 10? Schreiben Sie die richtigen Nummern zu den Buchstaben. Beachten Sie: Nicht alle Wörter passen in den Text.

Ratgeber Existenzgründung – Der Kiosk

Am wichtigsten für den Erfolg ist der Standort. Achten Sie darauf, [1] der Kiosk günstig liegt und in der Umgebung noch andere attraktive Geschäfte (z. B. Bäckereien, Restaurants) sind, [2] haben Sie nicht genug Kunden und machen keinen Umsatz. Aber es [3] auch nicht zu viele Kunden auf einmal sein. Standorte an Bushaltestellen, Schulen usw. haben oft Stoßzeiten (Berufsverkehr, Schulschluss), [4] man es kaum schafft alle Kunden gleichzeitig zu bedienen. Und dann gibt es auch wieder Phasen, in denen fast niemand [5]. Der Kiosk sollte am besten an einem Ort stehen, wo regelmäßig [6] den Tag verteilt Kunden vorbeikommen.
Am einfachsten ist es, [7] man ein bestehendes Geschäft übernehmen kann, dann muss man keinen neuen Kundenstamm aufbauen, [8] die Kunden das Geschäft schon [9] langer Zeit kennen und wissen, [10] sie dort bekommen.

a 3	dürfen
b 1	dass
c 8	weil
d	an
e	wollen
f 2	sonst
g	sind
h 4	so dass
i 5	kommt
j 9	seit
k	wann
l	denn
m 6	über
n 10	was
o 7	wenn

C Behörden und Institutionen

 1 Was kann man bei diesen Behörden und Institutionen machen? Erzählen Sie im Kurs.

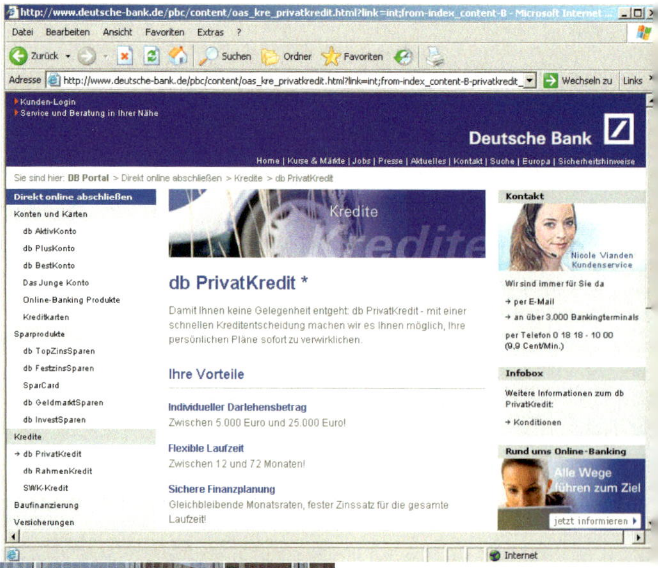

heiraten   Adresse ändern   Arbeitslosengeld beantragen   Sozialhilfe beantragen
eine Fortbildung machen   Pass verlängern lassen   Kredit beantragen
Steuererklärung abgeben   Wohngeld beantragen   Gewerbe anmelden
Seminar für Existenzgründer besuchen   Wohnung anmelden   …

Bei der Industrie- und Handelskammer kann man Kurse für Existenzgründer besuchen.

Beim Finanzamt gibt man die Steuererklärung ab.

Im Bürgeramt kann man seinen Pass verlängern lassen.

▶ Das Gesundheitsamt beschäftigt sich mit Gesundheit und Umwelt. Wenn Sie als Küchenpersonal in einem Hotel oder Restaurant arbeiten wollen, müssen Sie sich vorher bei dem zuständigen Gesundheitsamt in Ihrer Stadt beraten lassen und erhalten eine Bescheinigung.

2 **a) Herr und Frau Phan wollen den Kiosk übernehmen.**
Was glauben Sie: Zu welchen Behörden gehen sie?

b) Waren Ihre Vermutungen richtig? Vergleichen Sie mit dem Text.

Zunächst müssen Herr und Frau Phan den Kiosk bei der Stadtverwaltung in Hannover anmelden. Das machen sie im Fachbereich Recht und Ordnung. In anderen Städten macht man die Gewerbeanmeldung beim Bürgeramt. Dann gehen sie zur Bank, weil sie einen Kredit brauchen. Bei der IHK holen sie ein Informationsheft über Buchhaltung und Steuern. Auch beim Finanzamt müssen sie sich anmelden.

1 Herr und Frau Phan müssen für den Kiosk einen Kredit aufnehmen. Herr Phan hat einen Termin bei der Bank. Hören und lesen Sie den Dialog und beantworten Sie die Fragen.

Kirsten Umlauf: Was kann ich für Sie tun?

Hai Phan: Meine Frau und ich brauchen einen Kredit, weil wir einen Kiosk in der Rundestraße übernehmen möchten, und wir finden, dass Sie gute Kreditangebote haben.

Kirsten Umlauf: Ja, wir haben sogar ein besonderes Angebot für Existenzgründer mit niedrigen Zinsen. Sie finden sicher kein besseres. Wie viel Geld brauchen Sie denn?

Hai Phan: Für die Waren, die Kaution und das Inventar brauchen wir insgesamt 18 000 Euro.

Kirsten Umlauf: Haben Sie auch eigenes Geld oder sollen wir den Kiosk ganz finanzieren?

Hai Phan: 6 000 Euro haben wir gespart.

Kirsten Umlauf: Gut, demnach brauchen Sie also 12 000 Euro Kredit. Ich habe hier ein Formular, das Sie ausfüllen müssen.

Hai Phan: Brauchen Sie sonst noch etwas?

Kirsten Umlauf: Ja, den Mietvertrag für den Kiosk und die Gewerbeanmeldung.

Hai Phan: Den Mietvertrag habe ich dabei. Morgen melde ich das Gewerbe bei der Stadtverwaltung an und schicke Ihnen eine Kopie zu. Wie schnell kann ich denn das Geld bekommen? Wir wollen nämlich schon in vier Wochen anfangen.

Kirsten Umlauf: Wenn wir alles haben, dann sollte es eigentlich nur ein paar Tage dauern.

1. Wofür braucht Familie Phan das Geld?
2. Wie viel kostet alles zusammen?
3. Wie hoch ist der Kredit?
4. Welche Unterlagen braucht die Bank?
5. Was muss Herr Phan noch machen?
6. Wann kann Familie Phan den Kredit bekommen?

2 Machen Sie ein Wörternetz zu *Banken* und *Kredite.*

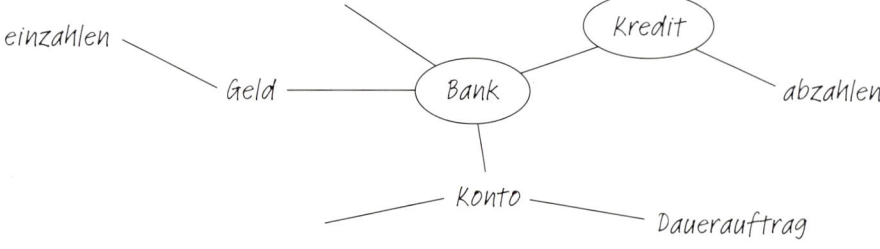

3 Nach einigen Tagen erhält Herr Phan einen Brief von der Bank.
Lesen Sie den Brief und die Antwort von Herrn Phan und ergänzen Sie.
Beachten Sie: Nicht alle Wörter passen in die Texte.

dass – da – deshalb – Ihres – sonst – für – freundlichen – dein – hiermit –
sollte – Ihnen – müsste – wenn – geehrte – bei

Dresdner Bank – Bödekerstraße 102 – 30161 Hannover – Telefon 05 11 / 397 92-0

Herrn Hai Phan
Heinrichstraße 25
30175 Hannover

Referenz-Nr.:	Ihre Ansprechpartnerin:	Durchwahl:	Datum:
0045/149A	Frau Umlauf	-212	11.07.2005
Bitte stets angeben			

Ihr Kreditantrag _____ den Kiosk in der Rundestraße, 30161 Hannover

Sehr geehrter Herr Phan,

gerne bewilligen wir _____ den Kredit für den Kiosk.
Wir haben festgestellt, _____ uns noch eine Kopie _____
Ausweises fehlt. Bitte reichen Sie diese so bald wie möglich nach, _____
wir Ihren Kreditantrag _____ nicht bearbeiten können.

Mit freundlichen Grüßen

Kirsten Umlauf
Dresdner Bank

Hai Phan
Heinrichstraße 25
30175 Hannover
Tel. 05 11 / 38 23 49

Dresdner Bank
Frau Umlauf   14.07.2005

Referenz Nr. 0045/149A – Ausweiskopie

Sehr _____ Frau Umlauf,

_____ erhalten Sie die Ausweiskopie. Bitte melden Sie sich, _____
noch etwas fehlen _____ .
Mit _____ Grüßen

Hai Phan
Anlage

1 **Was wird in einem Kiosk verkauft? Machen Sie eine Liste.**

– Zeitungen
– Zeitschriften
– ...

2 **Schreiben Sie indirekte Fragen.**

1. Wie heißen Sie? – Können Sie mir sagen, _____
2. Wann beginnt der Unterricht? – Weißt du, _____
3. Beginnt der Unterricht um 9 Uhr? – Ich weiß nicht, ob _____
4. Ist es schwierig einen Kredit für einen Kiosk zu bekommen? – Ich möchte gern wissen,

   _____
5. Wie alt sind Sie? – Darf ich fragen, _____
6. Warum kommt er immer so spät? – Ich verstehe nicht, _____
7. Von wem hast du die Blumen? – Kannst du mir sagen, _____
8. Wer hat angerufen? – Ich weiß nicht, _____

3 **Ergänzen Sie das passende Fragepronomen.**

woran   wie   wohin   wo   wann   worüber   worauf

1. Können Sie bitte noch einmal erklären, _____ man das Passiv bildet.
2. Ich möchte gern wissen, _____ du gerade denkst.
3. Bitte schreiben Sie hier, _____ und _____ Sie geboren sind.
4. Sie wollen nicht sagen, _____ sie gerade geredet haben.
5. Sie wissen noch nicht, _____ sie in diesem Jahr in Urlaub fahren.
6. In der Fahrschule lernt man, _____ man im Straßenverkehr achten muss.

4 Schreiben Sie Sätze. Es gibt mehrere Möglichkeiten.

Ich möchte gern wissen,	ob	ich zum Bahnhof komme?
Können Sie mir sagen,	wie	du gestern gemacht hast.
Ich frage mich,	was	es noch einen Flug nach Mallorca gibt.
Es ist nicht sicher,	wie lange	Auto Sie fahren?
Weißt du,	was für ein-	ich den Job bekomme.
Darf ich fragen,	welch-	wir schnell eine Wohnung finden.
Mich interessiert,	wann	die Touristeninformation ist?
Hast du schon gefragt,	wo	Tag heute ist?
Hast du gesehen,	wohin	ich meine Brille gelegt habe?
	warum	der Kurs anfängt.
		Maria umzieht?
		wir noch auf den Bus warten müssen.

5 Haben Sie diese Behörden schon einmal besucht? Was haben Sie dort gemacht?
Berichten Sie.

Standesamt

Bundesagentur für Arbeit

Bürgeramt

Letztes Jahr bin ich umgezogen.
Da war ich beim Bürgeramt.

Ich informiere mich bei
der Agentur für Arbeit manchmal
über Stellenangebote.

Erlkönig

Wer reitet so spät durch Nacht und Wind?
Es ist der Vater mit seinem Kind;
Er hat den Knaben wohl in dem Arm,
Er faßt ihn sicher, er hält ihn warm.

5 Mein Sohn, was birgst du so bang dein Gesicht? –
Siehst, Vater, du den Erlkönig nicht?
Den Erlenkönig mit Kron' und Schweif? –
Mein Sohn, es ist ein Nebelstreif. –

Ernst Barlach

»Du liebes Kind, komm, geh mit mir;
10 Gar schöne Spiele spiel' ich mit dir,
Manch bunte Blumen sind an dem Strand,
Meine Mutter hat manch gülden Gewand.« –

Mein Vater, mein Vater, und hörest du nicht,
Was Erlenkönig mir leise verspricht? –
15 Sei ruhig, bleibe ruhig, mein Kind;
In dürren Blättern säuselt der Wind. –

»Willst, feiner Knabe, du mit mir gehn?
Meine Töchter sollen dich warten schön:
Meine Töchter führen den nächtlichen Reihn,
20 Und wiegen und tanzen und singen dich ein.« –

Mein Vater, mein Vater, und siehst du nicht dort
Erlkönigs Töchter am düstern Ort? –
Mein Sohn, mein Sohn, ich seh' es genau;
Es scheinen die alten Weiden so grau. –

25 »Ich liebe dich, mich reizt deine schöne Gestalt;
Und bist du nicht willig, so brauch' ich Gewalt!« –
Mein Vater, mein Vater, jetzt faßt er mich an!
Erlkönig hat mir ein Leids getan! –

Dem Vater grauset's, er reitet geschwind,
30 Er hält in Armen das ächzende Kind,
Erreicht den Hof mit Mühe und Not;
In seinen Armen das Kind war tot.

Johann Wolfgang Goethe

Kleine Stadt am Sonntagmorgen

Das Wetter ist recht gut geraten.
Der Kirchturm träumt vom lieben Gott.
Die Stadt riecht ganz und gar nach Braten
und auch ein bißchen nach Kompott.

5 Am Sonntag darf man lange schlafen.
Die Gassen sind so gut wie leer.
Zwei alte Tanten, die sich trafen,
bestreiten rüstig den Verkehr.

Sie führen wieder mal die alten
10 Gespräche, denn das hält gesund.
Die Fenster gähnen sanft und halten
sich die Gardinen vor den Mund.

Der neue Herr Provisor lauert
auf sein gestärktes Oberhemd.
15 Er flucht, weil es so lange dauert.
Man merkt daran: Er ist hier fremd.

Er will den Gottesdienst besuchen,
denn das erheischt die Tradition.
Die Stadt ist klein. Man soll nicht fluchen.
20 Pauline bringt das Hemd ja schon!

Die Stunden machen kleine Schritte
und heben ihre Füße kaum.
Die Langeweile macht Visite.
Die Tanten flüstern über Dritte.
20 Und drüben, auf des Marktes Mitte,
schnarcht leise der Kastanienbaum.

Erich Kästner

Johann Heinrich Wilhelm Tischbein

Vergnügungen

Der erste Blick aus dem Fenster am Morgen
Das wiedergefundene alte Buch
Begeisterte Gesichter
5 Schnee, der Wechsel der Jahreszeiten
Die Zeitung
Der Hund
Die Dialektik
Duschen, Schwimmen
10 Alte Musik
Bequeme Schuhe
Begreifen
Neue Musik
Schreiben, Pflanzen
15 Reisen
Singen
Freundlich sein

Bertolt Brecht

A Stadt und Land

((◁▷)) **1** a) **Sehen Sie sich das Bild an und hören Sie den Text zweimal.**
   Welche Wörter werden genannt? Kreuzen Sie an.

☐ das Gewerbegebiet	☐ die Wiese	⟨7⟩ die Scheune	⟨4⟩ das Feld
⟨3⟩ das Einfamilienhaus	⟨8⟩ das Tal	⟨5⟩ der Berg	☐ der Hügel
⟨2⟩ der Supermarkt	☐ der Bach	☐ der Hafen	☐ die Autobahn
☐ das Einkaufszentrum	☐ der Wanderweg	☐ das Flugzeug	☐ das Schiff
☐ der Bauernhof	☐ das Dorf	⟨1⟩ das Hochhaus	⟨9⟩ das Ufer
☐ die Fabrik	⟨6⟩ der Stall	☐ das Gebirge	☐ das Wohnhaus
☐ der Fluss	☐ der Traktor	☐ der Baumarkt	☐ der Wald

b) **Suchen Sie die anderen Wörter auf dem Bild und tragen Sie die Nummern in a) ein.**

☞ 156

2 **Beantworten Sie die Fragen.**

1. In der Stadtmitte ist ein Einkaufszentrum. **Dahinter** stehen Wohnhäuser.
   Wo stehen die Wohnhäuser? Hinter _____

2. Im Gewerbegebiet ist eine Fabrik. **Daneben** ist ein Baumarkt.
   Wo ist der Baumarkt? Neben _____

3 **Hören Sie den Text noch einmal. Beschreiben Sie dann das Bild.**

a) **Wo ist was?**

Auf dem Land sehe ich ein Feld. **Darauf** fährt ein Traktor.

In dem Wohngebiet stehen Häuser mit hübschen Gärten **davor**.

Ich sehe einen Hügel. **Dahinter** beginnt der Wald.

b) **Was machen die Leute auf dem Bild?**

einkaufen – arbeiten – Picknick machen – paddeln – spielen – wandern – …

c) **Welche Adjektive passen zu der Landschaft rechts im Bild?**

angenehm – friedlich – harmonisch – hektisch – laut – romantisch – …

B Wohnen auf dem Land

1 a) Sehen Sie sich das Foto an und lesen Sie den Text.

Beate Hallmann hat seit ihrer Kindheit in einer großen Stadt gelebt. Sie hatte eine gute Arbeit, aber das Leben war sehr hektisch. In ihrer Wohnung durfte sie keine Tiere haben. Vor drei Wochen ist sie mit ihrer Familie aufs Land gezogen. Jetzt schreibt sie einen Brief an ihre Freundin.

b) Was glauben Sie: Was schreibt Frau Hallmann? Gefällt ihr das Landleben?

2 Lesen Sie den Brief. Waren Ihre Vermutungen richtig?

Nordkampen, 27. August 2005

Liebe Claudia,

jetzt wohnen wir seit drei Wochen in Nordkampen, 50 Kilometer südlich von Bremen. Das Dorf hat ungefähr 500 Einwohner und gefällt uns sehr gut. Wir haben einen großen Garten und unser Haus liegt direkt am Wald. Während ich diesen Brief schreibe, singen die Vögel, die Bäume bewegen sich leicht im Wind, die Sonne scheint – es ist richtig romantisch.

Seitdem wir hier wohnen, kann ich auch viel besser schlafen. Die Luft ist frisch und am Abend ist es ganz still. Nebenan ist ein Bauernhof, wo wir jeden Tag frische Milch kaufen. In der Nachbarschaft wohnen noch andere junge Familien mit Kindern, so dass unsere beiden Jungs schnell Freunde gefunden haben.

Seit der letzten Woche haben wir eine Katze. Die Kinder sind ganz glücklich, seit sie im Haus ist. Auch Herbert ist jetzt zufrieden. Bevor wir umgezogen sind, war er sehr nervös, weil er dachte, dass sein Weg zur Arbeit jetzt zu weit sein würde. Kurz nach dem Umzug ist sein Auto kaputt gegangen. Jetzt fährt er immer mit dem Zug zur Arbeit und das gefällt ihm. Während der Fahrt kann er sich ausruhen und ist dann gut erholt, wenn er morgens bei der Arbeit oder abends bei uns ankommt.

Wie geht es euch? Ihr wollt doch auch umziehen? Habt ihr schon eine neue Wohnung gefunden? Bitte antworte mir bald!

Viele Grüße

deine Beate

3 Ergänzen Sie die Sätze.

Familie Hallmann wohnt seit …
Es ist richtig romantisch, während …
Frau Hallmann kann jetzt viel besser schlafen, weil …

Die Kinder sind ganz glücklich, seit …
Herr Hallmann war sehr nervös, bevor …
Während der Fahrt zur Arbeit …
Wenn er zu Hause ankommt …

4 a) Unterstreichen Sie im Brief alle Sätze mit *während, seit/seitdem* und *bevor*. ☞ 157

> *Während, seit/seitdem* und *bevor* sind Konjunktionen, die einen temporalen Nebensatz einleiten. *Während* und *seit* können auch Präpositionen sein.

b) Verbinden Sie die Sätze mit *während*.

Beispiel:

Sie räumt die Wohnung auf und hört Musik.

→ Während sie die Wohnung aufräumt, hört sie Musik. /

→ Während sie Musik hört, räumt sie die Wohnung auf.

1. Wir haben die ganze Nacht gefeiert. Unsere Kinder haben nebenan geschlafen.
2. Ich koche das Mittagessen. Gleichzeitig saugt mein Mann das Wohnzimmer.
3. Er träumt von einem neuen Auto und seine Frau von einem Haus auf dem Land.
4. Peter arbeitet am Computer. Inzwischen machen die Kinder Hausaufgaben.
5. Sie sitzt im Büro und denkt dabei an ihren Freund.

c) Verbinden Sie die Sätze mit *seit/seitdem*.

Beispiel:

Ich habe eine neue Wohnung. Ich brauche nur noch zehn Minuten bis zur Arbeit.

→ Seit/Seitdem ich eine neue Wohnung habe, brauche ich nur noch zehn Minuten bis zur Arbeit.

1. Wir sind vor einem Jahr nach Deutschland gekommen.
   Wir haben unsere Eltern nicht mehr gesehen.
2. Ich lerne an einer Sprachschule. Jetzt verstehe ich die Grammatik viel besser.
3. Familie Naumann hat ein Haus gebaut. Jetzt hat sie kein Geld mehr.
4. Ich lebe jetzt in der Stadt. Ich brauche kein Auto mehr.
5. Du hast Karriere gemacht. Du bist ein ganz anderer Mensch geworden.

d) Verbinden Sie die Sätze mit *bevor*.

Beispiel:

Familie Hallmann ist in ein Dorf umgezogen. Vorher hat sie in einer Stadt gewohnt.

→ Bevor Familie Hallmann in ein Dorf umgezogen ist, hat sie in einer Stadt gewohnt.

1. Herr Hallmann ist immer mit dem Auto zur Arbeit gefahren.
   Dann ist es kaputt gegangen.
2. Ich habe letzte Woche eine neue Stelle bekommen.
   Davor war ich Taxifahrer.
3. Tanja trinkt mit ihren Freundinnen Kaffee, danach geht sie zum Friseur.
4. Meine Eltern kommen zu Besuch. Ich muss noch viel einkaufen.
5. Jakob ist mit sechs Jahren in die Schule gekommen und konnte vorher noch nicht lesen.

C Wohnen in der Stadt oder auf dem Land

1 **Lesen Sie den Text und beantworten Sie die Fragen.**

Ich bin jetzt 68 Jahre alt und meine Frau ist 64. 1970, als ich 33 Jahre alt
war, haben wir ein Einfamilienhaus in einem kleinen Dorf bei Hamburg
gebaut und sind aufs Land gezogen. Das war damals ganz billig.
Der Unterschied zum Leben in der Stadt war groß. Vorher haben wir in
einer 3-Zimmer-Wohnung gewohnt. Um uns herum war viel Verkehr,

Paul Burmeister, 68, Rentner

an der Ampel vor dem Haus hielten Autos und Busse und alle zehn Minuten hörte man die
Straßenbahn. Auf dem Land lebten wir ganz ruhig ohne Verkehrslärm und Abgase und ich fand
es nicht so schlimm, dass ich morgens länger brauchte, um zur Arbeit zu kommen.
Auch für die Kinder war das Leben auf dem Land besser, solange sie klein waren. Sie hatten viel
mehr Platz zum Spielen und es gab keinen gefährlichen Autoverkehr. Aber als sie größer wurden,
wurde es für sie etwas langweilig. Außer einem Sportverein gab es im Dorf fast keine Freizeit-
möglichkeiten.
Außerdem sind nach und nach immer mehr Städter in das Dorf gezogen. Zuerst stand unser
Haus ganz allein am Wald, aber heute ist da eine richtige Siedlung mit vielen Einfamilienhäusern.
In der Nähe sind jetzt Supermärkte und ein Baumarkt und es gibt auch hier immer mehr
Verkehr. Das ist kein richtiges Landleben mehr.
Seit zwei Monaten wohnen wir wieder in Hamburg. Wir sind jetzt Rentner und die Kinder sind
erwachsen. Für mich ist es besser, wieder in der Stadt zu wohnen. Ich muss öfter zum Arzt und
der Weg war einfach zu weit, als wir noch auf dem Land wohnten.

1. Was war besser, nachdem Familie Burmeister aufs Land gezogen war?
2. Was hat sich in den Jahren verändert?
3. Warum sind Herr und Frau Burmeister wieder nach Hamburg gezogen?

2 a) **Wohnen in der Stadt oder auf dem Land? Sammeln Sie Vorteile und Nachteile.**

Stadt		Land	
Vorteile	Nachteile	Vorteile	Nachteile
größeres	laut	ruhig wohnen	lange Wege
Kulturangebot	viel Verkehr		

b) **Wo möchten Sie am liebsten wohnen? Erzählen Sie im Kurs.**

In meinem Heimatland
habe ich in einem Dorf gewohnt.
Jetzt wohne ich in der Stadt.

In der Stadt
gefällt es mir besser.

In der Stadt, wo ich
früher gewohnt habe, war es
sehr laut und hektisch.

Ich bin froh, dass ich jetzt
so ruhig wohne.

D Tiere

1 **Ordnen Sie die Tiere den Fotos zu.**

Schaf – Gans – Hase – Hund – Ziege – Tiger – Pferd – Huhn – Kuh

 2 **Kennen Sie noch andere Tiere auf Deutsch?**

3 **Welche Adjektive sind für welche Tiere typisch? Warum?**

klug – schnell – neugierig – gefährlich – nützlich – lieb – treu – stark – elegant –
ruhig – nervös – feige – mutig – faul – stolz – wild – bescheiden – scheu

4 **Beschreiben Sie Tiere: Wo leben sie? Gibt es Unterschiede zwischen
Deutschland und Ihrem Heimatland? Warum haben Menschen Tiere?**

> Kühe leben
> auf dem Bauernhof.
> Sie geben Milch.

> Hunde leben in Deutschland
> im Haus oder in der Wohnung.
> Das finde ich komisch.

> Viele Menschen
> haben Katzen. Sie möchten
> nicht allein sein.

 5 **Haben oder hatten Sie ein Haustier? Erzählen Sie.**

E Umweltschutz

1 Sehen Sie sich die Fotos an und lesen Sie die Texte.

1.

Ein großes Umweltproblem ist der Müll. Wir werfen alles weg: Plastik und Blech, alte Elektrogeräte und Möbel. Müll in der Natur ist hässlich. Ein Teil des Mülls ist giftig und eine Gefahr für die Umwelt. Es ist wichtig, dass wir so viel wie möglich wieder verwenden. Am besten achten wir schon beim Einkauf darauf, nur Sachen mit wenig Verpackung zu kaufen.

2.

Auto- und Industrieabgase verschmutzen nicht nur die Luft, sondern sie verändern auch das Klima. Auf der Erde wird es immer wärmer. Im Sommer ist es oft zu trocken und es gibt Naturkatastrophen mit großen Schäden. Wir müssen dafür sorgen, dass die Abgase möglichst sauber in die Umwelt kommen, deshalb sind Filteranlagen wichtig.

3.

Die Energiereserven wie Öl und Gas sind eines Tages verbraucht, Atomenergie ist gefährlich. Wir müssen Energie sparen und mehr alternative Energien (z. B. Wind und Sonne) verwenden. Sie verschmutzen nicht die Umwelt und es gibt sie praktisch unbegrenzt.

2 Sammeln Sie die Informationen aus den Texten in einer Liste.

Text 1
Thema: Müll
Probleme/Gefahren: hässlich, giftig
Lösung: Sachen ohne Verpackung kaufen

3 Beschreiben Sie die Umweltprobleme und die Lösungen mit Hilfe Ihrer Notizen.

Es ist besser, wenn man wenig Energie verbraucht.

4 Sehen Sie sich die Statistik an, lesen Sie den Text und ergänzen Sie die Lücken.

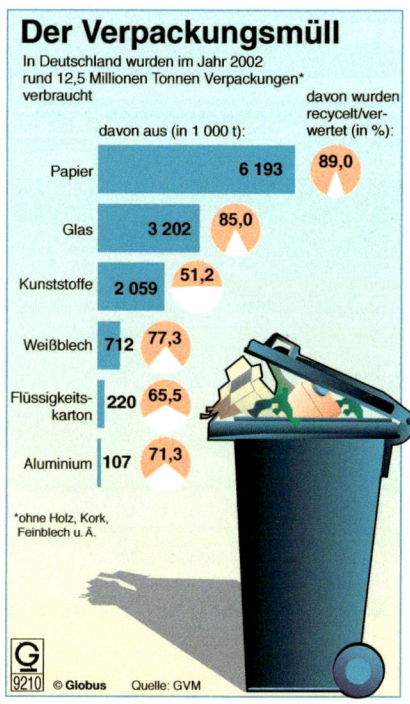

Der Verpackungsmüll

In Deutschland wurden im Jahr 2002 rund 12,5 Millionen Tonnen Verpackungen* verbraucht

davon aus (in 1 000 t): davon wurden recycelt/verwertet (in %):

	davon aus (in 1 000 t)	davon wurden recycelt/verwertet (in %)
Papier	6 193	89,0
Glas	3 202	85,0
Kunststoffe	2 059	51,2
Weißblech	712	77,3
Flüssigkeitskarton	220	65,5
Aluminium	107	71,3

*ohne Holz, Kork, Feinblech u. Ä.

9210 © Globus   Quelle: GVM

Verpackungsmüll

Die deutschen Verbraucher „produzieren" Jahr für Jahr viele Millionen Tonnen Müll. Im Jahr 2002 waren darunter ungefähr ___12,5___ Millionen Tonnen Verpackungen, z. B. Zahnpastatuben und Getränkekartons. Der größte Teil ist ___Papier___, nämlich ca. 6,2 Millionen Tonnen, wovon ___89___ % recycelt werden. An zweiter Stelle kommt ___Glas___, wovon man ___85___ % wieder verwendet, während von ___Kunststoffen___ nur etwas mehr als die Hälfte recycelt wird. Bei ___Weißblech___, z. B. Dosen, liegt der Anteil bei etwas mehr als drei Viertel, bei Flüssigkeitskartons, z. B. Milchverpackungen, bei ___65,5___ %. Aluminium wird zu ___71,3___ % recycelt. Verpackungen, die man wieder verwendet, tragen den grünen Punkt.

5 Beschreiben Sie die Statistik.

> Der größte Teil des Verpackungsmülls ist Papier.

> Bei Kunststoffen werden nur 51,2 % wieder verwertet.

> In Deutschland gibt es pro Jahr über 3 Millionen Tonnen Glasmüll.

6 Mehr Schutz für die Umwelt – Was kann man tun? Sammeln Sie Vorschläge und diskutieren Sie.

> *Müll:* Beim Einkaufen schon an den Müll denken / den Müll trennen / …
> *Energie:* Energie sparen / elektrische Geräte wie z. B. den Videorekorder ausschalten, wenn man sie nicht benutzt / …
> *Verkehr:* Das Auto nur dann benutzen, wenn man es wirklich braucht / …

> Man könnte (vielleicht) …
> Man müsste/sollte …
> Die Politiker sollten …
> Ich schlage vor, dass …
> Ich hätte den Vorschlag, …
> Es ist wichtig, … zu …

> Das würde ich auch sagen.
> Dem stimme ich zu.
> Das sehe ich auch so.

> Das finde ich nicht.
> Das würde ich anders sehen.
> Vielleicht, aber …
> Das finde ich (etwas) übertrieben.

1 a) Sehen Sie sich das Bild an und ordnen Sie die Wörter zu.

- ☐ die Ziege
- ☐ der Bach
- ☐ die Scheune
- ☐ die Brücke
- ☐ der Stall
- ☐ das Gebirge
- ☐ die Kuh
- ☐ die Wiese
- ☐ das Schaf
- ☐ das Feld
- ☐ das Pferd
- ☐ das Dorf

b) Beschreiben Sie das Bild.

2 Was passt zusammen? Verbinden Sie die Satzteile.

Bevor ich zur Arbeit fahre,	1	a	hat sie mehr Zeit für ihre Enkel.
Seit Frau Berger Rentnerin ist,	2	b	hat es draußen geregnet.
Ich bin immer so müde,	3	c	seit er die neue Stelle hat.
Während wir in dem Lokal waren,	4	d	solltest du die Preise vergleichen.
Bevor du ein neues Auto kaufst,	5	e	bringe ich die Kinder zur Schule.
Man muss einen Führerschein haben,	6	f	während der Lehrer die Regeln erklärt hat.
Ich habe aus dem Fenster geschaut,	7	g	während du im Urlaub warst.
Herr Marcius verdient mehr Geld,	8	h	bevor man Auto fahren darf.
Es ist viel passiert,	9	i	seitdem ich so früh aufstehen muss.

3 Schreiben Sie Sätze mit *während, bevor* und *seit/seitdem*.

Wir haben kein Auto mehr,		sie studieren.
Du musst noch die Hände waschen,		man die Straßenbahn gebaut hat.
Viele Studenten müssen Geld verdienen,	während bevor seit/ seitdem	die Lehrerin etwas erklärt.
		wieder Sommerzeit ist.
Sie fühlt sich viel besser,		sie mehr Sport macht.
Es war hier viel ruhiger,		wir essen.
Man sollte zuhören,		wir nicht mehr auf dem Land wohnen.
Es wird abends viel später dunkel,		die letzten Minuten des Fußballspiels
Niemand sagte ein Wort,		liefen.

4 Beantworten Sie den Brief von Frau Hallmann in Übung B2 auf Seite 92. Schreiben Sie etwas zu den folgenden vier Punkten. Überlegen Sie sich eine passende Einleitung und einen passenden Schluss. Vergessen Sie auch nicht Datum und Anrede.

– Schreiben Sie, Sie wie es Ihnen und Ihrer Familie geht.
– Sagen Sie Ihre Meinung zum Leben auf dem Land.
– Beschreiben Sie Ihre Wohnsituation. Ihre Wohnung gefällt Ihnen nicht mehr.
– Berichten Sie über Ihre eigene Wohnungssuche.

5 Ergänzen Sie die passenden Adjektive mit der richtigen Endung.

treu – neugierig – angenehm – mutig – bescheiden – gefährlich – nützlich

1. Sie möchte alles wissen. Sie ist eine _neugierige_ Person.
2. Es ist schön, wenn man einen _treuen_ Hund hat.
3. Ich brauche nicht viel. Ich bin ein _bescheidener_ Mensch.
4. In Deutschland gibt es keine _gefährlichen_ Tiere im Wald.
5. Verena ist sehr _mutig_ . Sie hat nie Angst.
6. Kühe und Schafe sind _nützliche_ Tiere, denn sie geben Milch.
7. Wir hatten ein _angenehmes_ Gespräch.

10 Gesundheit und Krankheit

A Ein Krankenhaus

1 **a)** **Wo ist was? Sehen Sie sich den Plan an und tragen Sie die Ziffern in die Kästchen ein.**

1. Die Ambulanz ist direkt am Haupteingang auf der rechten Seite.
2. Die Gynäkologie ist schräg gegenüber der Cafeteria.
3. Wenn man an der Cafeteria links vorbeigeht, kommt man zur Kinderklinik.
4. Links vom Labor ist die Allgemeine Chirurgie.
5. Das nächste Gebäude nach der Verwaltung ist die Innere Medizin.

b) **Sie stehen am Haupt-eingang. Beschreiben Sie den Weg zu den Kliniken. Arbeiten Sie zu zweit.**

> Wie komme ich zur Apotheke?

> Gehen Sie vom Haupteingang aus geradeaus. Beim Parkplatz …

Gehen Sie	geradeaus bis zur Cafeteria / bis zum Parkplatz. um die Ecke … / an der Kinderklink / am Labor vorbei.
Schräg/Direkt gegenüber	ist …
Auf der linken/rechten Seite	sehen Sie …
Dahinter/Davor/Daneben	befindet sich …

2 **a) Berufe im Krankenhaus. Wer arbeitet wo? Ordnen Sie zu und erklären Sie.**

Ein Chirurg arbeitet in der Chirurgie im Operationssaal.

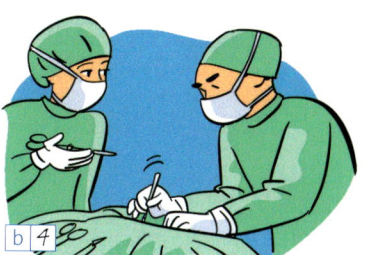

a

b 4

Hebamme

Chirurg

c

d

Kinderkrankenschwester

Medizinisch-technische Assistentin

1 Labor
2 Kinderklinik – Station
3 Gynäkologie – Kreißsaal
4 Chirurgie – Operationssaal

b) Beschreiben Sie die Berufe.

operieren – bei der Geburt helfen – die Babys waschen – Spritzen geben – Blut abnehmen …

c) Kennen Sie noch weitere Berufe im Krankenhaus?

3 **Wann muss man ins Krankenhaus? Machen Sie eine Liste und erzählen Sie.**

Operation	Schlaganfall
Untersuchung	Herzinfarkt
Blinddarmentzündung	ansteckende Krankheiten …

4 **a) Ordnen Sie die Texte den Bildern zu.**

a

1 Ich war einmal im Krankenhaus, weil ich eine Handverletzung hatte. Die Zeit nach der Operation war ziemlich problemlos. Ich musste nur noch warten, dass die Narbe verheilt. Andrea Patton

b

2 Ich musste einmal als Kind für vierzehn Tage ins Krankenhaus. Das war sehr schlimm für mich, denn meine Eltern durften mich nur am Nachmittag besuchen. Benjamin Bloch

c

3 Für mich war es im Krankenhaus stressig. Nie hatte man Ruhe. Man musste morgens sehr früh aufstehen und dauernd kam jemand ins Zimmer. Erst zu Hause habe ich mich erholt. Sabiha Zero

b) Kennen Sie jemanden, der schon einmal im Krankenhaus war? Wie war das für ihn/sie?

B Ein Unfall

1 Sehen Sie sich das Bild an und lesen Sie den Text. Was ist passiert?

Fußgänger verletzt

Am Samstagmorgen kam es auf der Goethestraße zu einem Verkehrsunfall. Ein vom Goetheplatz kommender PKW fuhr einen Fußgänger an, der zwischen den parkenden Autos plötzlich auf die Straße lief. Der Fußgänger wurde ins Krankenhaus gebracht. Dem behandelnden Arzt zufolge hat er nur leichte Verletzungen.

2 Ein Unfallzeuge ruft die Polizei an. Hören Sie zu und machen Sie Notizen.

1. Wer ruft an? *Ramona Nahle*
2. Was ist passiert? *Auto → Fußgänger angefahren*
3. Wo ist es passiert? *Ecke Goethestr.*
4. Wer ist verletzt? *ein Fußgänger*
5. Welche Verletzungen? *linkes Bein Kopf*

Notfall

Polizei	**110**
Feuerwehr	**112**
Rettungsdienst/Notarzt	**112**

3 a) Die Untersuchung beim Arzt. Hören und lesen Sie den Dialog und bringen Sie die Teile in die richtige Reihenfolge.

[1] Arzt: Wo haben Sie Schmerzen?

[5] Arzt: Das weiß ich noch nicht. Wir müssen eine Röntgenaufnahme machen. Am Kopf haben Sie eine Platzwunde, die können wir nähen.

[3] Arzt: Versuchen Sie mal, es zu bewegen.

[11] Arzt: Vielleicht, aber die wird sicher so klein, dass man sie nachher kaum sieht. Zum Glück ist das Auto nicht schnell gefahren, sonst hätten Sie noch schlimmere Verletzungen gehabt.

[9] Arzt: Das kommt darauf an, ob das Bein gebrochen ist.

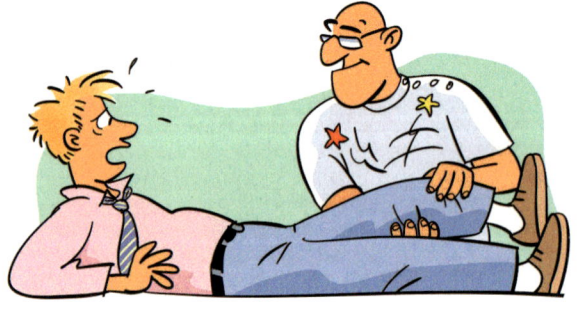

[8] Patient: Muss ich länger bleiben?

[4] Patient: Au, das tut weh! Ist es gebrochen?

[6] Patient: Bleibt eine Narbe?

[2] Patient: Vor allem das linke Bein tut weh.

b) Hören Sie die Fortsetzung des Dialogs. Was fragt der Arzt? Machen Sie Notizen und berichten Sie.

> Der Arzt fragt, ob der Patient schon einmal eine Operation hatte.

> Er möchte wissen, …

c) Hören Sie den Dialog noch einmal. Was antwortet der Patient?

C Das Partizip I

1 a) Sehen Sie sich die Bilder an und lesen Sie die Sätze. Notieren Sie die Infinitive und Partizipien der Verben.

ein lachendes Kind

lachen   lachend

ein singender Mann

_____   _____

wartende Menschen

_____   _____

b) Sammeln Sie die Partizipien im Text von Übung B1 und notieren Sie sie mit dem Infinitiv.

_____   _____   _____

_____   _____   _____

> **Das Partizip I bildet man mit dem Infinitiv + -d, z. B.**
> ***lachen – lachend*. Man benutzt es meistens wie ein Adjektiv.**

☞ 159

2 Ergänzen Sie die Sätze mit den Verben im Partizip I.

behandeln – erziehen – schreien – lachen – spielen – weinen

1. Es gibt in Deutschland viele allein _____ Mütter.
2. Die _____ Ärztin heißt Frau Dr. Schneider.
3. Vorsicht! _____ Kinder.
4. Familie Marks ist mit einem _____ und einem _____ Auge aus der Naumannstraße ausgezogen.
5. Manchmal weckt ein _____ Baby in der Nacht die ganze Nachbarschaft auf.

1 a) Lesen Sie den Text.

Ich will mein Kind vor Drogen schützen

◆ Viele Eltern haben Angst, dass ihre Kinder drogensüchtig werden. Aber sie können schon früh etwas tun, um ihre Kinder zu schützen. Kinder brauchen Vertrauen und sie müssen stark
5 sein, um Probleme und Konflikte zu verarbeiten, die es im Leben immer gibt. Drogenkonsum und Drogensucht entstehen oft dann, wenn Kinder und Jugendliche es nicht gelernt haben, Probleme zu lösen. Je mehr Hilfe Kinder und Ju-
10 gendliche von den Eltern bekommen, desto kleiner ist das Risiko. Schulprobleme z. B. kann ein Kind leichter lösen, wenn die Eltern Geduld zeigen und sich Zeit für die Hausaufgaben nehmen. Wenn die Eltern Streit haben, sollte man
15 die Kinder nicht zu „Schiedsrichtern" machen und ihnen nicht das Gefühl geben, dass sie an der Situation schuld sind.

◆ Wir denken bei Drogen oft nur an Haschisch oder Heroin. Aber es gibt auch andere Drogen.
20 Sowohl Alkohol als auch Zigaretten sind ganz „alltägliche", legale Drogen und auch viele Medikamente. Eltern sind die Vorbilder der Kinder und deshalb sollten sie genau überlegen: Gehört zu jeder Party Alkohol? Wie schnell nimmt
25 man eine Tablette, wenn man ein wenig Kopfschmerzen hat?

◆ Je älter die Kinder werden, desto wichtiger werden die Einflüsse von außen. Die Freunde und die Medien spielen eine immer größere
30 Rolle, nicht nur die Lehrer in der Schule, sondern auch die Eltern verlieren an Bedeutung. Die Kinder werden selbstständiger und das gefällt den Eltern oft nicht. Es kann auch passieren, dass die Kinder – z. B. angeregt durch die Wer-
35 bung – es spannend finden, die Wirkung von Alkohol oder Zigaretten auszuprobieren. So kann es zu Streit mit den Eltern kommen. Wichtig ist, dass in solchen Situationen auch die Kinder ihre Meinung sagen dürfen. Dann geht das Ver-
40 trauen nicht verloren und die Kinder lernen, Konflikte und Probleme gemeinsam mit den Eltern zu lösen, anstatt bei Suchtmitteln Hilfe zu suchen. Sätze wie: „Entweder tust du, was ich sage, oder wir reden nicht mehr miteinander"
45 sollten Eltern nicht sagen.

◆ Wenn die Kinder innerlich stark sind und Vertrauen zu ihren Eltern haben und diese für die Kinder da sind, auch wenn die Meinungen verschieden sind, sind die Chancen gut, dass die
50 „alltäglichen" Suchtmittel und die illegalen Drogen für die Kinder nicht gefährlich werden.

b) Lesen Sie den Text noch einmal. Welche Lösungen sind richtig?

1. Drogenkonsum entsteht oft dann,
a) ☐ wenn die Eltern nicht auf ihre Kinder aufpassen.
b) ☐ wenn die Kinder nicht wissen, wie man Probleme löst.
c) ☐ wenn es keine andere Lösung für Probleme gibt.

2. Bei Schulproblemen sollten
a) ☐ die Eltern bei den Hausaufgaben helfen.
b) ☐ die Kinder die Probleme alleine lösen.
c) ☐ die Kinder mehr Hausaufgaben machen.

3. Eltern sollten
a) ☐ den Kindern erklären, wann man legale Drogen nehmen darf.
b) ☐ über ihren eigenen Drogenkonsum nachdenken.
c) ☐ nur bei Partys Alkohol trinken.

4. Ältere Kinder
a) ☐ sehen zu viel Werbung.
b) ☐ probieren manchmal Alkohol und Zigaretten aus.
c) ☐ werden oft süchtig.

5. Wenn Kinder und Eltern Streit haben,
a) ☐ nehmen viele Kinder Drogen.
b) ☐ sollten die Eltern kein Vertrauen zu den Kindern haben.
c) ☐ sollten nicht nur die Eltern, sondern auch die Kinder sagen, was sie denken.

2 a) Der Text macht einige Vorschläge, wie man Kinder gegen Drogen schützen kann. Welche Möglichkeiten gibt es noch? Machen Sie eine Liste. Arbeiten Sie zu zweit.

– Informationen in der Schule
– Sport treiben
– strengere Gesetze
– warnende Werbung

b) Vergleichen Sie Ihre Ergebnisse im Kurs.

3 a) Markieren Sie im Text *je … desto, sowohl … als auch, nicht nur … sondern auch, entweder … oder* und lesen Sie die Regel.

☞ 159

Die Doppelkonjunktionen verbinden Sätze oder Satzteile.

Sätze mit *je … desto* vergleichen zwei Komparative.
Je länger ich warte, desto nervöser werde ich.

Im Nebensatz mit *je* steht das Verb am Ende, im Hauptsatz mit *desto* steht das Verb in der zweiten Position hinter dem Komparativ.

b) Ergänzen Sie die Sätze.

1. Herzlichen Glückwunsch! Sie haben _____ die Prüfung

   bestanden, _____ eine sehr gute Note bekommen.

2. _____ gehst du jetzt sofort ins Bett _____

   du darfst morgen nicht fernsehen.

3. _____ mehr Probleme Kinder haben, _____

   wichtiger ist es, dass die Eltern mit ihnen reden.

4. _____ schöner der Tag ist, _____ besser ist

   meine Laune.

5. Ein Auto braucht _____ Benzin _____ Öl.

6. Ich weiß noch nicht, was ich am Sonntag mache. Ich besuche

   _____ meine Eltern _____ ich arbeite

   im Garten.

4 Schreiben Sie Sätze mit den Doppelkonjunktionen.

1. Sie hat eine große Karriere gemacht. Sie ist sehr beliebt.
   (nicht nur … sondern auch)

2. Erste Möglichkeit: Wir gehen ins Schwimmbad.
   Zweite Möglichkeit: Wir machen eine Radtour. (entweder … oder)

3. Die Wissenschaft löst immer mehr Rätsel, aber die Fragen werden
   immer komplizierter. (je … desto)

4. Viele Leute haben einen Computer. Außerdem haben sie einen
   Internetanschluss. (sowohl … als auch)

5. Die Autos werden immer schneller und auf den Straßen wird es immer
   gefährlicher. (je … desto)

E Gesund leben?

1 Lesen Sie die Texte. Welche Sätze passen zusammen?

a Hier haben die Ärzte dieselbe Meinung: Gegen Herzinfarkt und Krebs hilft Bewegung.

b Sie wollen nicht laufen? Dann machen Sie doch Krafttraining! Ihre Muskeln freuen sich schon. 2

Sport ist mir zu anstrengend. Ich sitze lieber auf dem Sofa. 1

c Fitness muss nicht teuer sein. Ein Spaziergang an der frischen Luft oder ein paar Gymnastik-übungen zu Hause sind kostenlos. 4

Ich finde es langweilig, jeden Tag eine halbe Stunde zu laufen. 2 b

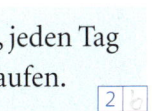

d Dann haben Sie vielleicht noch nicht das richtige Rezept gefunden. Außerdem: Es darf ruhig auch einmal einen Fleischtag geben. 5

Die Nachbarn reden schon über mich: Die mit dem Fitness-Tick, heißt es. 3

e Die sind doch nur neidisch. Bei Ihnen steigt nicht nur die Lebenserwartung, sondern auch die Lebensqualität! Die anderen werden einfach nur alt. 3

Ich kann mir die Mitgliedschaft in einem guten Fitness-Center nicht leisten. Das ist zu teuer. 4 c

Meine Kinder mögen kein vegetarisches Essen. 5 d

f Schlaf ist wichtig für die Gesundheit – mindestens sechs bis acht Stunden pro Nacht. Während Sie ruhen, erholt sich der Körper von Ihrem anstrengenden Tag. 6

Abends früh ins Bett? Im Fernsehen sind doch so viele spannende Sendungen! 6

2 Was ist wichtig für ein gesundes Leben? Machen Sie eine Liste an der Tafel.

Ernährung: viel Obst, wenig Fett, …
Bewegung: laufen, schwimmen, …
Entspannung: genug schlafen, Pausen machen, …
…

3 Welche Ernährung gilt in Ihrem Heimatland als gesund?

✎ **1** Suchen Sie acht Wörter aus dem Krankenhaus. Notieren Sie die Wörter mit Artikel.

kli	Gy	Kin	Am	saal	nä	bu
nik	pe	me	~~rurg~~	bor	lo	ab
nah	me	Heb	tions	am	~~Chi~~	La
lanz	O	Blut	gie	ra	der	ko

1. der Chirurg

✎ **2** a) **Was ist passiert? Schreiben Sie einen Text.**

Unfall	Vorfahrt	zusammenstoßen	Krankenwagen
	Polizei	Protokoll	…

Es hat einen Unfall gegeben. Ein Autofahrer hat die Vorfahrt nicht beachtet und ist …

😊😊 b) **Rufen Sie die Polizei an und melden Sie den Unfall.**

+ Polizeinotruf.

– Guten Tag, mein Name ist … . Ich möchte einen Unfall melden.

+ …

3 **Partizip I und Relativsatz. Schreiben Sie Sätze.**

1. wartende Menschen – Das sind Menschen, die warten.

2. ein auf der Straße fahrender Radfahrer – *Das ist ein Radfahrer,* _____

3. steigende Preise – _____

4. ein von links kommendes Auto – _____

5. die spielenden Kinder – _____

6. der abfahrende Zug – _____

7. das schlafende Baby – _____

4 Schreiben Sie Sätze.

1. er – mehr mit seiner Frau sprechen / ihn – sie – verlassen (entweder … oder)

   _____

2. gut Deutsch verstehen – ich / gern – die Zeitung lesen – ich (je … desto)

   _____

3. morgens – ich – wecken – die Kinder – meinen Mann (sowohl … als auch)

   _____

4. kommen – du – jetzt / ich – alleine gehen – in die Stadt (entweder … oder)

   _____

5. lang – die Tage – sein / schlafen gehen – ich – spät (je … desto)

   _____

6. die Schüler – über den Lehrer – die Eltern – sich ärgern (nicht nur … sondern auch)

   _____

5 Tipps für ein langes Leben. Was ist wichtig? Ordnen Sie zu.

| Die Dinge positiv sehen | ~~Gesunde Ernährung~~ | Viel trinken |
| Gut schlafen | Nicht rauchen | Das Denken üben | Viel frische Luft |

1. *Gesunde Ernährung* _____ : Getreideprodukte, wenig Fett und über den Tag verteilt mindestens fünf Portionen Obst und Gemüse essen – am besten roh, in allen Farben und Sorten.

2. _____ : Als Regel gilt: Zwei bis drei Liter Wasser, Tee oder Fruchtsäfte am Tag.

3. _____ : Bleiben Sie nicht im Zimmer. Gehen Sie möglichst oft nach draußen! Das mobilisiert die Abwehrkräfte.

4. _____ : Minimum sind sechs bis acht Stunden pro Nacht.

5. _____ : Mit Lesen, Rechenübungen und Reisen bleibt der Kopf fit.

6. _____ : Die beste Medizin heißt immer noch: Jeden Tag mit einem Lächeln beginnen.

7. _____ : Ein wenig Bier oder Wein schaden in der Regel nicht. Aber zu viel Alkohol und Zigaretten machen krank.

A Das politische System in Deutschland

1 a) Sehen Sie sich die Fotos an und lesen Sie die Texte. In welcher Stadt stehen die Gebäude und wie heißen sie? Tragen Sie die Namen ein.

Hier wohnt und arbeitet der Bundespräsident:

_____

Hier tagt der Bundestag:

_____

Dies ist der Amtssitz des Bundeskanzlers:

_____

a Deutschland besteht aus 16 Bundesländern. Jedes Bundesland hat ein eigenes Parlament, das alle vier oder fünf Jahre gewählt wird, und eine Landesregierung.

b Die Hauptstadt von Deutschland ist Berlin. Dort sind die Bundesregierung, der Bundestag und viele wichtige Behörden. Der Bundestag ist das Parlament Deutschlands. Seine Sitzungen finden im Reichstag statt. Der Bundestag wird alle vier Jahre gewählt. Alle deutschen Staatsbürger ab 18 Jahren können wählen. Der Bundestag wählt den Bundeskanzler.

c Der Bundeskanzler schlägt die Minister vor, die dann vom Bundespräsidenten ernannt werden. Der Bundeskanzler bestimmt die Richtung der Politik. Der Amtssitz des Bundeskanzlers ist das Bundeskanzleramt.

d Der Bundespräsident hat seinen Sitz in Berlin im Schloss Bellevue. Er hat vor allem repräsentative Aufgaben. Alle fünf Jahre wird er von der Bundesversammlung gewählt. Diese besteht aus dem Bundestag und Vertretern der Bundesländer.

e Die Bundesländer haben in Deutschland eigene Kompetenzen, z. B. in der Bildungs- und Kulturpolitik. Über den Bundesrat, in dem Mitglieder der 16 Landesregierungen sitzen, vertreten sie ihre Interessen gegenüber der Bundesregierung.

f Das Bundesverfassungsgericht mit Sitz in Karlsruhe kontrolliert, ob die Gesetze mit dem Grundgesetz übereinstimmen.

b) Ordnen Sie die Sätze den Abschnitten zu.

1. ☐ Die Länderparlamente werden alle vier bis fünf Jahre gewählt.
2. ☐ Die Bundesländer bestimmen einige politische Bereiche selbst.
3. ☐ Das Bundesverfassungsgericht entscheidet oft, ob ein Gesetz gültig ist oder nicht.
4. ☐ Die Deutschen wählen den Bundeskanzler nicht direkt.
5. ☐ Der Bundespräsident repräsentiert den deutschen Staat.
6. ☐ Der Bundeskanzler hat in Deutschland die meiste politische Macht.

c) Wie heißen der aktuelle Bundeskanzler und Bundespräsident?

2 Vergleichen Sie mit Ihrem Heimatland. Was ist gleich? Was ist anders?

> Bei uns wird der Präsident direkt vom Volk gewählt.

> In meinem Heimatland darf man erst mit 21 Jahren wählen.

> Wir haben einen König.

3 Lesen Sie die Beschreibungen der Parteien. Ordnen Sie die Parteinamen den Beschreibungen zu.

SPD ☐a Sozialdemokratische Partei Deutschlands

CDU CSU ☐b Christlich-Demokratische Union / Christlich-Soziale Union

F.D.P. Die Liberalen ☐c Freie Demokratische Partei

BÜNDNIS 90 DIE GRÜNEN ☐d Bündnis 90 / Die Grünen

PDS ☐e Partei des Demokratischen Sozialismus

☐1 Diese Partei ist die Nachfolgerin der Staatspartei SED in der DDR. Nach der Wende 1989 änderte sie ihren Namen. Sie steht in der Tradition des Sozialismus und ist in den fünf neuen Bundesländern, die aus der DDR entstanden sind, und in Berlin sehr stark.

☐2 Diese Parteien sehen sich als christlich-konservativ. Von 1949 bis 1969 und von 1982 bis 1998 führten sie die Regierung, berühmte Politiker waren die Bundeskanzler Konrad Adenauer und Helmut Kohl. Eine von den beiden Parteien gibt es nur in Bayern.

☐3 Diese Partei ist die älteste Partei in Deutschland. Sie ist im 19. Jahrhundert aus der Arbeiterbewegung entstanden und auch heute hat sie noch enge Beziehungen zu den Gewerk-schaften. Von 1969 bis 1982 war sie die führende Regierungspartei und seit 1998 ist sie es wieder. Berühmte Politiker dieser Partei waren Willy Brandt und Helmut Schmidt.

☐4 Diese Partei ist 1979 aus Bürgerinitiativen für mehr Umweltschutz entstanden. Sie fordert mehr Ökologie in Wirtschaft und Gesellschaft und setzt sich für die Rechte von Minderheiten ein. Seit 1998 ist sie in der Regierung.

☐5 Diese Partei ist für eine liberale Wirtschaftspolitik. Der Staat soll weniger kontrollieren und reglementieren, die Bürger sollen mehr Freiheiten und Verantwortung haben. Von 1949 bis 1998 war diese Partei fast immer an den Regierungen beteiligt.

4 a) **Welche politischen Themen sind Ihrer Meinung nach besonders aktuell? Kreuzen Sie an und vergleichen Sie im Kurs.**

☐ Bildung ☐ Umweltschutz ☐ Arbeitslosigkeit
☐ Frieden ☐ Kriminalität ☐ Soziale Sicherheit
☐ Europapolitik

b) **Welche Themen fehlen Ihrer Meinung nach?**

B Nachrichten aus Politik und Gesellschaft

1 **Lesen Sie zuerst die acht Überschriften. Lesen Sie danach die vier Texte und entscheiden Sie, welche Überschrift (a–h) am besten zu welchem Text (1–4) passt.**

a *Die Folge hoher Benzinpreise: Gemeinsame Fahrt ist in!*

b **Viele Diskussionen im Ausländerbeirat**

c **Gute Noten für den Abfallkalender**

d *Erstes Treffen des neuen Ausländerbeirates*

e **Wer nach Berlin fahren will, kann sich jetzt melden**

f *Abfallkalender jetzt per Postkarte bestellen*

g **Hauptstadtbesuch – ein großer Erfolg!**

h **Teures Benzin bei Mitfahrzentralen**

1 Martin Baltzer (57) fährt fast keine längere Strecke mehr allein. Meistens hat er einen oder mehrere Mitfahrer dabei. Das ist nicht nur unterhaltsamer, sondern auch billiger, denn die Kosten für die Fahrt werden geteilt. So hat er gestern auf seiner Fahrt von Hamburg nach Frankfurt drei Leute mitgenommen. Von jedem bekam er 18 Euro Benzingeld, also insgesamt 54 Euro. Die hohen Benzinpreise haben bei den Mitfahrzentralen in Deutschland zu einem wahren Boom geführt. Besonders beliebt sind Verbindungen in Großstädte wie München, Frankfurt, Berlin, Dresden und Leipzig. Aber auch kürzere Strecken in kleinere Städte werden jetzt häufiger angeboten.

2 ☐ Der neue Hamburger Ausländerbeirat hat sich erstmals getroffen. Die Mitglieder des Beirats wollen weniger theoretische Diskussionen führen und mehr praktisch helfen, um die Integration von Zuwanderern zu fördern. Bei Themen wie Arbeitslosigkeit bei jugendlichen Ausländern und Sprachproblemen von Schulanfängern wollen die 45 Männer und Frauen in  verschiedenen Arbeitsgruppen Vorschläge für die Ausländerintegration erarbeiten. Der Ausländerbeirat trifft sich viermal im Jahr. Die nächste Sitzung ist am 3. September.

 3 ☐ Begeistert kamen die 78 Schüler, die an der Studienfahrt teilgenommen hatten, aus Berlin zurück. Auf dem Programm standen u. a. ein Besuch des Außenministeriums und des Museums am Checkpoint Charlie. Dort berichtete ein evangelischer Pfarrer über das schwierige Leben von Oppositionellen in der ehemaligen DDR. Ein Teil der Schüler hatte die Gelegenheit, mit einem Bundestagsabgeordneten zu diskutieren, während der andere Teil das Bundeskanzleramt besuchte. Auch nächstes Jahr soll eine Studienfahrt stattfinden.

4 ☐ Der neue Abfallkalender von Norderstedt ist bei den Bürgern sehr gut angekommen. 37 000 Stück wurden im Dezember an die Haushalte verteilt. Wer Interesse hatte, konnte auf einer Antwortkarte seine Meinung über den Kalender schreiben. 90 Prozent der Absender fanden den Abfallkalender positiv. Bürgermeister Hans-Joachim Grote (48) sieht darin einen Erfolg. „Die Bürger dieser Stadt sind mit ihrer Müllabfuhr zufrieden", sagte Grote.

 2 **a) Lesen Sie noch einmal Text 1 und beantworten Sie die Fragen.**

1. Warum fährt Herr Baltzer fast keine längere Strecke mehr allein?
2. Warum sind die Mitfahrzentralen erfolgreich?
3. Für welche Strecken kann man am einfachsten Mitfahrer finden?

b) Schreiben Sie zwei Fragen zu den Texten 2 bis 4. Fragen Sie im Kurs und antworten Sie.

Mit welchen Themen möchte sich der Hamburger Ausländerbeirat beschäftigen?

Mit der Arbeitslosigkeit von Jugendlichen und Sprachproblemen von Schulanfängern.

C Die Europäische Union (EU)

1 Sehen Sie sich die Karte an, lesen Sie den Text und beantworten Sie die Fragen.

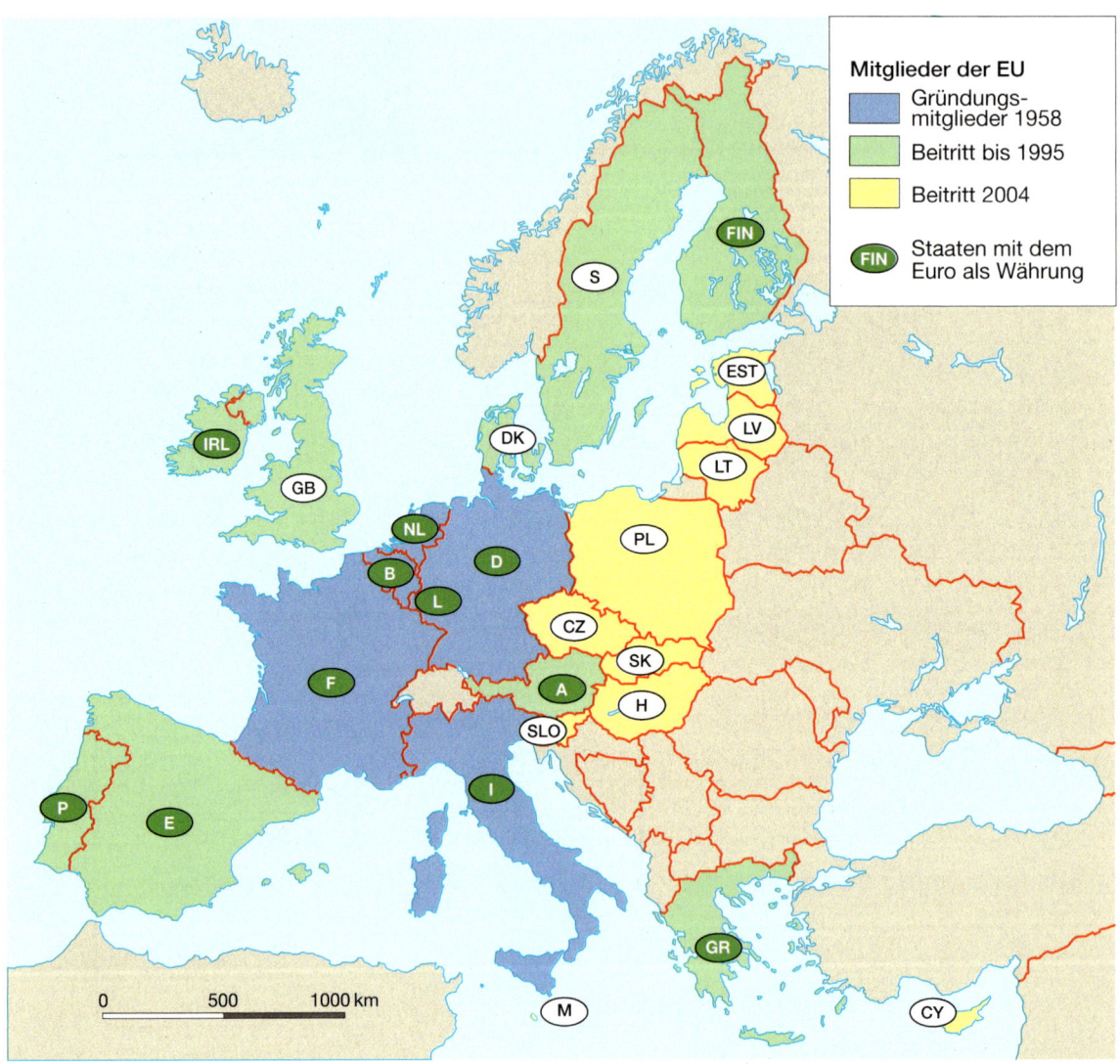

Mitglieder der EU

- Gründungsmitglieder 1958
- Beitritt bis 1995
- Beitritt 2004
- FIN Staaten mit dem Euro als Währung

1. Wie heißen die ersten EU-Staaten?

2. Welche Staaten sind zwischen 1973 und 1995 beigetreten?

3. Wie heißen die Mitglieder der EU, die 2004 beigetreten sind?

4. In welchen Ländern gibt es den Euro?

► In den 25 EU-Staaten leben ca. 375 Millionen Menschen, davon ca. 307 Millionen in der Eurozone. Die Staaten arbeiten auf vielen Gebieten – Handel und Wirtschaft, Bildung, Kultur und Gesundheit – eng zusammen. Einige Staaten haben die gegenseitigen Grenzkontrollen abgeschafft, z. B. Frankreich und Deutschland.
Die Stadt Straßburg in Frankreich ist der Sitz des Europäischen Parlaments. In der belgischen Hauptstadt Brüssel hat die EU-Kommission ihren Sitz.

Insgesamt haben zwölf Länder den Euro.

2004 sind zehn Staaten EU-Mitglied geworden.

2 Lesen Sie den Text. Warum sind nicht alle Menschen in Europa für den Euro? ☞ 160

Der Euro – einige Länder haben ihn nicht

Viele EU-Länder haben den Euro, aber es gibt einige, die noch ihre nationale Währung haben. Dafür gibt es mehrere Gründe: In manchen Ländern ist die Wirtschaft noch nicht auf den Euro vorbereitet, in anderen Ländern sind viele Menschen skeptisch, denn sie befürchten, dass das eigene Land nur noch wenige Entscheidungen selbst treffen kann, weil die europäischen Institutionen zu viel Macht haben. Obwohl die meisten Menschen in Europa die Union positiv sehen, ist also nicht jeder überzeugt, dass die Union nur Vorteile bringt.

3 Was ist Ihre Meinung? Verstehen Sie, dass einige Menschen die Europäische Union kritisch sehen?

4 Wir haben fünf Personen aus verschiedenen EU-Staaten zu ihrer Meinung über die Europäische Union gefragt. Hören Sie die Texte. Wer sagt was?

Gerhard

Ricardo

Pawell

Zita

Agnieszka

1. ☐ Die Bauern waren am Anfang skeptisch.
2. ☐ Die EU verhindert Kriege.
3. ☐ Bei uns entstehen jetzt neue Arbeitsplätze.
4. ☐ Der EU-Beitritt ist für unser Land zu früh gekommen.
5. ☐ Die Einreise wird für Menschen aus Staaten, die weiter östlich liegen, schwieriger.

5 Welche Möglichkeiten bietet die Europäische Union?
Machen Sie zu den Stichwörtern Notizen und diskutieren Sie.

Freiheiten für die Bürger – Handel und Wirtschaft –
die Rolle von Europa in der Welt – Sprachen lernen – Tourismus –
andere Länder kennen lernen

Ich bin sicher, dass die EU gut für den Tourismus ist.

Eigentlich hat nur die Wirtschaft Vorteile von der EU.

1 Welche Themen sind in Ihrem Wohnort Ihrer Meinung nach besonders wichtig? Begründen Sie Ihre Meinung.

> Es wäre gut, wenn die Stadt mehr Ampeln aufstellen würde, denn es gibt zu viel Verkehr.

> Wir brauchen ein neues Jugendzentrum, damit die Jugendlichen einen Ort haben, wo sie sich treffen können.

2 a) Politik in Städten und Gemeinden. Wofür sind sie zuständig? Sehen Sie sich die Fotos an und ordnen Sie zu.

a Kinderbetreuung
b Sportanlagen
c Nahverkehr

_____ _____ _____

b) Sammeln Sie weitere Themen der Kommunalpolitik.

3 Lesen Sie den Text und beantworten Sie die Fragen.

Alle fünf (in Bayern sechs) Jahre finden in den Bundesländern Kommunalwahlen statt, bei denen die Gemeinde- und Stadträte der Kommunen gewählt werden. Wahlberechtigt sind alle Deutschen ab 16/18 Jahren sowie EU-Bürger ab 16/18 Jahren. EU-Bürger können auch für die Gemeinde- und Stadträte kandidieren. Die Bürgermeister werden in den meisten Bundesländern direkt von den Bürgern gewählt.

▶ Mehr Informationen im Internet unter www.wahlrecht.de/kommunal

1. Wer darf bei den Kommunalwahlen wählen?
2. Wie werden die Bürgermeister gewählt?

D2 Projekt: Die Bürgermeisterwahl

1 Arbeiten Sie zu dritt oder zu viert.
Jede Gruppe bestimmt einen Kandidaten
für das Amt des Bürgermeisters.
Die anderen Gruppenmitglieder helfen ihm
bei der Wahlkampagne.

a) Überlegen Sie: Welche Themen sind für
den Wahlkampf wichtig?

Schulen – Verkehr – Sportangebote – Kultur – Erwachsenenbildung –
Angebote für Ausländer / Jugendliche / Kinder / alte Menschen – Gemeindefinanzen …

b) Zu welcher Partei gehört der Kandidat? Geben Sie der Partei
einen Namen.

fortschrittlich – liberal – christlich – konservativ – sozialdemokratisch – sozialistisch –
grün – links – rechts – in der politischen Mitte – parteilos

c) Wie will der Kandidat die Probleme in der Gemeinde lösen?

mehr Altenheime bauen – die Schulen renovieren – mehr Verkehrskontrollen –
neue Spielplätze – Arbeitsplätze schaffen – Beratungsstellen …

2 a) Pro Gruppe stellt ein Gruppenmitglied seinen Kandidaten vor.
Danach halten die Bürgermeisterkandidaten eine Rede.
Die Redemittel helfen Ihnen.

> Liebe Wählerinnen und Wähler, … / Liebe Mitbürgerinnen und Mitbürger, …
> Für den Bürgermeisterkandidaten gibt es keinen besseren als …
> Unsere Gemeinde steht vor großen Problemen … / Natürlich müssen wir sparen.
> Aber wir dürfen nicht weniger Geld für unsere Kinder ausgeben.
> Bis jetzt hat sich noch keiner für die Probleme von Jugendlichen interessiert. Aber ich …
> Sie haben die Wahl. Machen Sie Ihr Kreuz an der richtigen Stelle!
> Herzlichen Dank für Ihre Aufmerksamkeit!

b) Diskutieren Sie mit den Kandidaten.

> Ich bin dafür/dagegen, dass …
> Ich habe eine andere Meinung.
> Ich stimme Ihnen zu / nicht zu.
> Sehr richtig, aber …
> Das ist doch falsch!

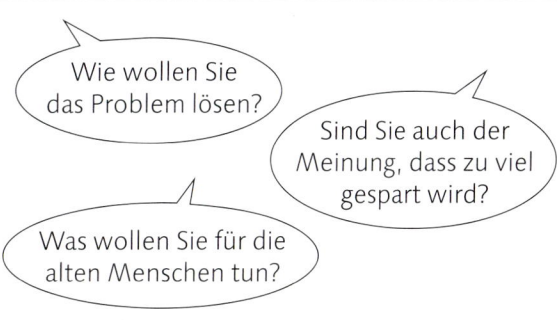

Wie wollen Sie
das Problem lösen?

Sind Sie auch der
Meinung, dass zu viel
gespart wird?

Was wollen Sie für die
alten Menschen tun?

3 Wählen Sie in der Klasse einen neuen Bürgermeister.

1 Beschreiben Sie die Grafik.

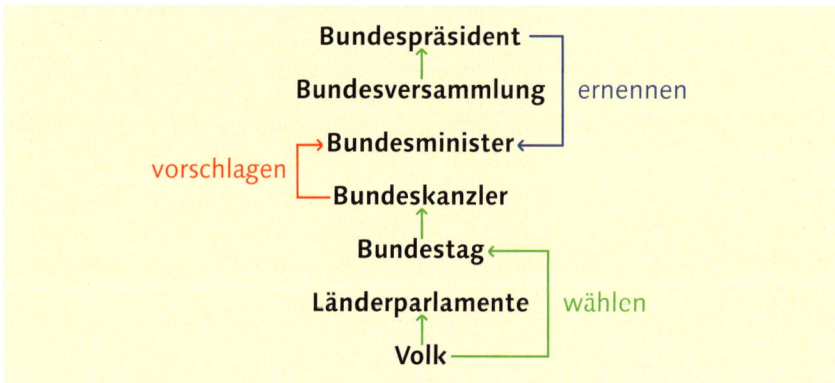

2 Interessieren Sie sich für Politik? Drei Personen beantworten diese Frage. Lesen Sie die Sätze und hören Sie das Interview. Wer sagt was?

a Gunther Radke b Helmut Schneider c Barbara Sattler

1. $\boxed{a}$ Ich interessiere mich für Europapolitik.
2. ☐ Ich bin Mitglied einer Partei.
3. ☐ Ich habe keine Lust, in einer Partei mitzuarbeiten.
4. ☐ Ich lese viel Zeitung und höre Radio.
5. ☐ Ich interessiere mich nicht für alle politischen Themen.
6. ☐ Kommunalpolitik finde ich wichtig.

3 Was passt? Streichen Sie die falschen Pronomen durch. ☞ 160

1. Die EU hat 25 Mitglieder. Nicht ~~alle~~/jedes/~~einige~~ hat den Euro.
2. Es stimmt nicht, dass die EU-Länder nichts/einige/mehrere mehr allein entscheiden dürfen.
3. Wir haben keinen Kaffee mehr. Wir müssen viel/einigen/welchen kaufen.
4. Als ich kam, war viele/wenige/keiner da.
5. In der Klasse sind 15 Schülerinnen und Schüler und man/einige/jede kommen aus der Ukraine.
6. Der Salat schmeckt sehr gut. Könnte ich noch viel/wenig/etwas haben?
7. + Mit der Regierung sind viele/keine/wenige Menschen unzufrieden.
   – Ja, aber nicht welche/keiner/alle.

4 **Die deutsch-französische Grenze am Rhein bei Kehl und Straßburg.**
Vergleichen Sie die Fotos und berichten Sie.

Der Grenzübergang in den siebziger Jahren.

Die Fußgängerbrücke über den Rhein (Eröffnung 2004)

> Früher musste man seinen Paß zeigen.

> Heute gibt es keine Kontrollen mehr.

> Oft gab es am Grenzübergang lange Wartezeiten.

> Die Fußgängerbrücke lädt zu einem Spaziergang von einem Land ins andere ein.

5 **a) Lesen Sie den Text und ergänzen Sie die Lücken.**

Einwohner – Arbeitslosigkeit – Gemeinderat – Zuwanderer –
Organisationen – Arbeitsgruppen

Ausländerbeiräte

Viele Kommunen haben Ausländerbeiräte. Sie werden von den
Ausländern einer Gemeinde gewählt und setzen sich für die Interessen
der nicht-deutschen _____ ein. Gegenüber dem
_____ hat der Ausländerbeirat eine beratende
Funktion. Außerdem unterstützt er Vereine, Gruppen und
_____ , die die Integration fördern. Viele
Ausländerbeiräte haben _____ , die sich mit
Sprachproblemen von Schülern, _____
von ausländischen Jugendlichen oder auch mit Problemen älterer
_____ beschäftigen.

 b) Gibt es auch in Ihrem Wohnort einen Ausländerbeirat?
Informieren Sie sich im Internet oder bei der Gemeinde / der Stadt
und berichten Sie.

12 Wie wird es sein?

A Ein Blick in die Zukunft

> Herr Phan wird viel Erfolg haben. Er wird … Viele Leute werden …

> Der Kiosk wird nicht gut laufen, weil … Herr Phan wird … Vielleicht wird er den Kiosk schließen müssen.

1 In zehn Jahren. Der Kiosk von Herrn Phan und die Ehe von Rainer und Annett. Vergleichen Sie die Bilder. Was glauben Sie: Was wird geschehen? Warum?

2 Ergänzen Sie die Sätze und die Regel.

Annett und Rainer _____ viele Kinder haben.

Herr Phan wird viel Geld _____ .

Das Futur bildet man mit _____ + _____ .

3 a) Zukunftsprognosen. Schreiben Sie drei Sätze auf drei Zettel.

Nach dem Kurs	werde	
Bald	wirst	die Menschen
Wenn ich gut Deutsch spreche,	wird	ich/du/wir/…
Nächstes Jahr	werden	es
In zehn Jahren	werdet	meine Kinder/Familie
Im Jahr 2020	werden	die Welt
In hundert Jahren		die Natur
…		…

glücklicher sein als heute.
eine gute/interessante Arbeit haben.
traurig sein.
mehr/weniger Frieden geben.
perfekt Deutsch sprechen.
…

 b) Hängen Sie Ihre Sätze in der Klasse auf. Ordnen Sie nach optimistisch ☺ und pessimistisch ☹.

 c) Wie sehen Sie Ihre eigene Zukunft? Schreiben Sie einen kurzen Text.

Ich glaube,	
Ich hoffe,	dass sich in meinem Leben viel verändern wird. Ich werde …
Ich könnte mir vorstellen,	dass …
Es ist möglich,	

Vielleicht werde ich …
Vielleicht wird sich auch gar nicht so viel ändern. Nur …
Ich bin optimistisch/pessimistisch. Ich glaube, …

4 **Präsens und Futur. Vergleichen Sie die Sätze.**

Heute Nachmittag gehe ich ins Schwimmbad.
Heute Nachmittag werde ich ins Schwimmbad gehen.
In zwanzig Jahren wird die Europäische Union noch mehr Mitglieder haben.

Im Deutschen verwendet man auch das Präsens, wenn man über die Zukunft spricht. Häufig steht dann eine Zeitangabe (*morgen, nächste Woche, in einem Jahr …*) im Satz. Das Futur verwendet man oft bei Prognosen und Versprechen.

B Eine Ausstellung über die Zukunft

1 Sie planen eine Ausstellung über die Zukunft.
Wählen Sie eines der drei Bilder für ein Plakat aus.
Begründen Sie Ihre Wahl.

2 a) Welcher Titel passt
am besten für die
Ausstellung?

a Die Zukunft – Sicherheit in einer technischen Welt

b *Keine Angst vor der Zukunft*

c Unsere Zukunft sind unsere Kinder
Keine Zukunft ohne Kinder!

d Die Stadt der Zukunft – eine spannende Welt

e *Zukunft heißt Hoffnung*

b) Haben Sie einen anderen Vorschlag?

f *Graue Gegenwart – blühende Zukunft*

3 a) Themen der Ausstellung. Sammeln Sie Stichwörter.

> <u>Arbeit:</u> Arbeitszeiten, Beschäftigungsformen, …
> <u>Familie:</u> Großfamilie, Kleinfamilie, …
> <u>Technik:</u> mehr Computer, Roboter, größere Flugzeuge, …
> <u>Gesundheit:</u> Infektionskrankheiten, Krebs, Lebenserwartung, Klonen, …

b) Gibt es Ihrer Meinung nach weitere wichtige Themen?

c) Was wird sich Ihrer Meinung nach bei den Themen aus Aufgabe a)
in der Zukunft ändern?

> Wahrscheinlich werden die Menschen länger/kürzer arbeiten.
> Vielleicht gibt es mehr Computerarbeitsplätze.
> Ich glaube nicht, dass sich bei der Familie viel ändern wird.
> Es werden hoffentlich nicht mehr so viele Menschen an Krebs sterben.

C Zukunftsvisionen von gestern

1 a) Lesen Sie den Text und sehen Sie sich das Bild an.

Um 1970 war der Optimismus groß. Nur wenige zweifelten daran, dass es den Menschen in der Zukunft immer besser gehen wird. So glaubte man, dass es bis zum Jahr 2000 Unterwasserstädte oder Mondstationen geben würde, dass man Infektionskrankheiten und Krebs besiegen könnte und dass auch alte Menschen immer jung bleiben würden. Viele Dinge, die man heute skeptisch betrachtet, wie z. B. das Klonen und die Genmanipulation, sah man damals sehr positiv. Die Vision von sehr großen Städten mit gewaltigen Hochhäusern ist heute Wirklichkeit. Aber eine perfekt organisierte Stadt, auf die man damals hoffte, ist bis heute nicht entstanden.

b) Richtig oder falsch? Kreuzen Sie an.

	richtig	falsch
1. Um 1970 sah man die Zukunft sehr positiv.	☐	☐
2. Das Klonen wollte man schon damals verbieten.	☐	☐
3. Keine der Visionen ist wahr geworden.	☐	☐

c) War man 1970 zu optimistisch? Können die Visionen von damals noch Wirklichkeit werden? Diskutieren Sie.

> Heute ist man in Deutschland nicht mehr so optimistisch.

> Wir sind heute skeptischer.

> Aber es ist nicht unmöglich, dass man Städte unter Wasser bauen kann.

> Eines Tages werden auch Menschen auf dem Mond oder dem Mars leben.

D Am Ende eines langen Weges

1 a) **Was haben Sie in den letzten Monaten gelernt? Was können Sie gut, was wollen Sie weiter üben? Kreuzen Sie an.**

Ich kann …

                                                                       ☺   ☺   ☹

1. ein Formular ausfüllen.
2. telefonisch einen Termin vereinbaren.
3. eine Notiz für meinen Nachbarn / meine Nachbarin schreiben.
4. ein Hotelzimmer per Fax, Brief oder E-Mail bestellen.
5. beschreiben, was ich in meinem Beruf machen muss.
6. eine Statistik beschreiben.
7. eine kurze Nachricht schreiben, wenn ich Dokumente oder Unterlagen wegschicke.
8. Verkehrsmeldungen im Radio verstehen.
9. die Kindererziehung in meinem Heimatland beschreiben und mit der deutschen Kindererziehung vergleichen.
10. meine Meinung über aktuelle Fragen und Themen (z. B. das Fernsehprogramm) sagen.
11. Zeitungsmeldungen verstehen.
12. zusammen mit anderen eine Reise organisieren.
13. eine Wegbeschreibung verstehen.
14. eine Stellenanzeige verstehen.
15. eine Person verstehen, die über ihre berufliche oder familiäre Situation erzählt.
16. einen kurzen formellen Brief verstehen.

b) **Was möchten Sie noch lernen?**

▷ **2** **a) Ein Dozent für Deutsch als Fremdsprache berichtet über seine Erfahrungen. Hören und lesen Sie den Text.**

Seit vielen Jahren bin ich Dozent an der Volkshochschule Freiburg. Ich habe alle Stufen unterrichtet und im Laufe der Jahre viele hundert Schüler gehabt. Manche haben nur einen, andere zwei oder mehr Kurse gemacht und nicht wenige auch das Zertifikat Deutsch. Einige Schüler sind inzwischen umgezogen und ich habe sie nie mehr gesehen. Es gibt aber auch welche, die ich – manchmal noch nach Jahren – immer wieder sehe. So weiß ich, was aus ihnen geworden ist. Junge Leute sind oft verheiratet und haben jetzt eine Familie, andere arbeiten in ihrem alten und nicht selten auch in einem neuen Beruf. Vor allem aber: alle sprechen und verstehen jetzt gut Deutsch. Ein Sprachkurs bildet die Basis, aber man sollte während des Kurses und nach dem Kurs Gelegenheiten suchen, möglichst viel Deutsch zu sprechen, zu hören und zu lesen. Dann verschwinden auch die kleinen Fehler und Unsicherheiten, man ist weniger nervös und findet sich in seiner Umgebung besser zurecht. Wichtig ist, dass man verstanden wird und dass man versteht, was die Gesprächspartner sagen.

b) Beantworten Sie die Fragen.

1. Was sagt der Dozent über ehemalige Teilnehmer?
2. Welche Funktion hat der Deutschkurs?
3. Was kann man gegen Unsicherheiten mit der deutschen Sprache tun?

◁▷ **3** **a) Hören Sie ein Interview. Worüber sprechen die Leute?**

b) Hören Sie das Interview noch einmal. Was ist richtig, was ist falsch?

richtig falsch

1. Die VHS-Kurse waren für Jana und Vladimir die ersten Sprachkurse. ☐ ☐
2. Vladimir spricht außerhalb des Kurses nur selten Deutsch. ☐ ☐
3. Jana ist mit einem Deutschen verheiratet. ☐ ☐
4. Beide fanden Politik besonders interessant. ☐ ☐
5. Die Grammatik fanden beide sehr langweilig. ☐ ☐
6. Beide haben Probleme, am Telefon zu sprechen. ☐ ☐
7. Vladimir macht die Mittelstufe. ☐ ☐
8. Jana will studieren. ☐ ☐

1 **Die Zukunft. Schreiben Sie die Sätze im Futur.**

1. Herr Phan hat viel Erfolg.

   _____

2. Sein Geschäft wächst stark.

   _____

3. Es kommen immer mehr Kunden.

   _____

4. Er eröffnet noch mehr Geschäfte.

   _____

5. Er verdient viel Geld und er hat viele Angestellte.

   _____

6. Seine Verwandten in Vietnam bekommen von ihm viele Geschenke.

   _____

7. Ich freue mich über den Erfolg von Herrn Phan.

   _____

2 **Mit dem Präsens oder mit dem Futur über die Zukunft sprechen.**
Ordnen Sie die Wörter und schreiben Sie Sätze im Präsens oder Futur.

1. sie – nächste Woche – frei nehmen – einige Tage – (werden)

   _____

2. du – alles – (werden) – endlich – wann – verstehen?

   _____

3. nie – Menschen – leben – (werden) – auf dem Mond

   _____

4. immer weniger Bücher – lesen – (werden) – man – in der Zukunft

   _____

5. das Internet – werden – (werden) – immer wichtiger – für die meisten Menschen

   _____

6. ihr – morgen – mitbringen – (werden) – eure Familienfotos – in die Schule?

   _____

7. gleich – (werden) – gehen – ich – zum Arzt – mit meinem Sohn

_____

8. kommen – übermorgen – zu Besuch – (werden) – meine Eltern

_____

3 **Was haben Sie in diesem Kurs gelernt? Schreiben Sie einen Text und beantworten Sie folgende Fragen.**

1. Was können und verstehen Sie jetzt besser als vorher?
2. Was war interessant, was war nicht so interessant?
3. Was war schwer, was war weniger schwer?
4. Wo haben Sie noch Probleme?

_____

_____

_____

_____

_____

_____

_____

4 **Die Jodelschule. Hören Sie den Sketch „Die Jodelschule" von Loriot.**

Jodeln – das ist echte Folkloremusik aus den Alpen, Singen ohne Worte.

Bei Alt und Jung ist das Jodellied beliebt. Lernen Sie Jodeln!

Wir bieten Kurse für Anfänger und Fortgeschrittene.

Jodelschule Alpenblick, Holm 23 a, 24937 Flensburg, Telefon 04 61 / 923 40 12

Schriftliche Prüfung Teil A
Leseverstehen und Sprachbausteine (90 Minuten)

Leseverstehen

Teil 1

Lesen Sie zuerst die zehn Überschriften. Lesen Sie dann die fünf Texte und entscheiden Sie, welcher Text (1–5) am besten zu welcher Überschrift (a–j) passt.

a) Vorsicht vor falschem Kinderspielzeug

b) Immer mehr Nichtsparer

c) Bilderbuchgeschichten helfen beim Rechnen

d) Psychologe untersucht Flugangst

e) Bessere Sparmöglichkeiten für Schweizer Bürger

f) Buchtipp: Passendes Spielzeug für Kinder

g) Geschenke fürs Baby schon vor der Geburt

h) Frauen haben mehr Flugangst als Männer

i) Spielzeug für Mütter, die bald ein Kind bekommen

j) Kinder sollten schon früh Geschichten erzählen

1. Text 1 Überschrift ☐
2. Text 2 Überschrift ☐
3. Text 3 Überschrift ☐
4. Text 4 Überschrift ☐
5. Text 5 Überschrift ☐

1

Ein Brauch aus Amerika wird auch bei uns immer beliebter: Die „Baby Shower Party", bei der es – frei übersetzt – Geschenke für das Baby regnet. Freundinnen der zukünftigen Mutter organisieren die Party kurz vor der Geburt. Eingeladen werden dazu alle Bekannten, die schon mal ihre Geschenke für das erwartete Kind geben und dessen Mama so richtig verwöhnen wollen. Sie selbst muss nichts anderes tun als Päckchen auspacken und sich freuen.

2

47 Prozent der Schweizer Bürger konnten im vergangenen Jahr kein Geld auf die hohe Kante legen. Damit nahm der Anteil der Nichtsparer um zwei Prozent zu. Der Anteil der Personen, die Ersparnisse anlegen konnten, blieb unverändert bei 40 Prozent. Der Univox-Studie zufolge gehen die Schweizer für das laufende Jahr von einer Verbesserung ihrer finanziellen Situation aus. Trotzdem geben sie weniger Geld aus als 2003.

3

Kleine Erzähltalente sind später gut im Rechnen. Das haben kanadische Forscher in einer Studie gezeigt, in der 41 Drei- bis Vierjährige ihrer Puppe eine Bilderbuchgeschichte nacherzählen mussten. Zwei Jahre später wurden ihre schulischen Leistungen getestet. Dabei zeigte sich: Wer schon als Kleinkind gut und strukturiert Geschichten erzählen konnte, konnte auch Mathematikaufgaben besser lösen. Die Psychologen raten Eltern daher, schon früh bei ihrem Nachwuchs diese Fähigkeit zu fördern. Dabei kommt es zum Beispiel darauf an, dass das Kind verschiedene Ereignisse einer Geschichte in den richtigen Zusammenhang bringt und Gefühle und Gedanken der Handlungspersonen wiedergeben kann.

4

Heute wissen alle Eltern, wie wichtig richtiges Spielzeug ist. Aber angesichts des übergroßen Angebots fällt die Wahl immer schwerer. Der Ratgeber „Das richtige Spielzeug für die ersten fünf Jahre" von Heike Baum vermittelt klare Kriterien und handfeste Tipps für alle Bereiche: Bauen und Konstruieren, Zuhören und Sprechen, Malen, Basteln und Gestalten, Konzentrieren und Entspannen sowie Tipps für einen sinnvollen Umgang mit dem PC. Das Gütesiegel des DKSB beweist: Hier geht es allein um das Wohl des Kindes.

5

Frauen fühlen Flugangst anders als Männer. Bei Frauen ist die Angst vor einem Absturz weit verbreitet. Außerdem befürchten sie, in der Kabine die Kontrolle über sich selbst zu verlieren und in Panik zu geraten. Von Flugangst betroffenen Männern bereitet die Vorstellung großes Kopfzerbrechen, keinen Einfluss auf das Geschehen im Cockpit zu haben. Das hat der niederländische Psychologe und Pilot Luca van Gerwen in seiner Doktorarbeit herausgefunden.

Teil 2

**Lesen Sie zuerst den Text „Ein Erfolgsprojekt macht Schule"
und lösen Sie dann die fünf Aufgaben (6–10) zum Text.**

Ein Erfolgsprojekt macht Schule

„Warum tragen Menschen Kleider?", „Warum sind wir schlauer als Roboter?"
Auf Kinderfragen dieser Art wissen die Erwachsenen nicht immer eine Antwort, mit
der Kinder zufrieden sind. Und der Erfolg von Fernsehsendungen wie „Löwenzahn"
oder „Die Sendung mit der Maus", in denen die alltäglichen Dinge für die Kinder
genau erklärt werden, zeigt, dass man nicht glauben sollte, dass sich Kinder heute für
nichts mehr interessieren.

Im Jahr 2002 hatten zwei Redakteure des „Schwäbischen Tagblatts" in Tübingen
dann die Idee, eine Kinder-Universität zu starten. Die Universität Tübingen, die sich
als offene Institution zeigen wollte, ging gern darauf ein und hatte sofort großen
Erfolg: Auf Anhieb kamen mehr als 5000 Kinder. Die ersten acht Vorträge der
Professoren in Tübingen (etwa „Warum lachen wir über Witze?" oder „Warum beten
Muslime auf Teppichen?") wurden sogar zu einem Buch zusammengefasst.

Viele Hochschulen sind dem Tübinger Beispiel gefolgt und bieten Kinder-Universitäten an. Nach deutschem Vorbild haben auch ausländische Hochschulen Kinder-
Universitäten gestartet.

In Rheinland-Pfalz, das im Sommersemester 2004 als erstes Bundesland die Kinder-
Universität an sämtlichen Hochschulen einführte, nutzten weit mehr als 13 000
Mädchen und Jungen die Angebote.
An der Universität Koblenz-Landau konnten Kinder von acht bis zwölf Jahren mit
einem eigenen Uni-Ausweis Veranstaltungen besuchen. Wer bei mindestens vier von
insgesamt sieben Veranstaltungen dabei war, erhielt das „Landauer Kinder-Diplom".
In Mainz fanden Kinder eine Antwort auf die Frage, wie die Eltern ihre Kinder vor
hundert Jahren erzogen haben.

Die Berliner Humboldt-Uni öffnete im Januar und Februar ihre Pforten für Kinder.
Zu jeder Vorlesung kamen über 1000 Grundschulkinder. Die Kinder wählten auch
einen „Lieblingsprof": Am besten gefiel ihnen der Vortrag „Warum sind wir schlauer
als Roboter?" des Informatik-Professors Hans-Dieter Burkhard. „Ich fand es toll,
dass Sie trotz des Lärms sehr ruhig gesprochen haben. Ich konnte zuhören und auch
verstehen, was Sie gesagt haben, obwohl es sehr laut war", lobte etwa die elfjährige
Juliane die Kinder-Universität.

Lösen Sie die Aufgaben 6–10 und entscheiden Sie, welche Lösung (a, b oder c) richtig ist.
Achtung: **Die Reihenfolge der Aufgaben folgt nicht immer der Reihenfolge des Textes.**

6. Professor Burkhard
a) ☐ ist während seines Vortrags sehr laut geworden.
b) ☐ konnte man kaum verstehen.
c) ☐ hat nach Meinung der Kinder den besten Vortrag gehalten.

7. Kinder haben Fragen,
a) ☐ die Erwachsene nicht immer beantworten können.
b) ☐ mit denen man sich nur im Fernsehen beschäftigt.
c) ☐ auf die man keine Antwort weiß.

8. An der Universität Koblenz-Landau
a) ☐ konnten die Kinder ein eigenes Diplom bekommen.
b) ☐ mussten die Kinder vier Veranstaltungen besuchen.
c) ☐ konnten die Kinder etwas über die Erziehung vor 100 Jahren erfahren.

9. „Löwenzahn" und „Die Sendung mit der Maus" sind Fernsehsendungen,
a) ☐ die Antworten auf die Fragen der Kinder bieten.
b) ☐ für die sich nur Kinder interessieren.
c) ☐ die das Vorbild für die Kinder-Universitäten sind.

10. In Tübingen
a) ☐ gab es 8 Vorträge für Kinder.
b) ☐ war die erste Kinder-Universität in Deutschland.
c) ☐ haben zwei Redakteure ein Buch über die Kinder-Universität geschrieben.

Teil 3

Lesen Sie zuerst die zehn Situationen (11–20) und dann die zwölf Anzeigen (a–l).
Welche Anzeige passt zu welcher Situation? Sie können jede Anzeige nur einmal verwenden.
Es ist auch möglich, dass Sie das, was Sie suchen, *nicht* finden.
Markieren Sie in diesem Fall den Buchstaben *X*.

Situation   Anzeige

11. Sie wollen Ihre Wohnung neu einrichten, aber Sie wollen nicht zu viel Geld ausgeben. ☐
12. Sie wollen einen Fernsehapparat für Ihr Schlafzimmer kaufen. ☐
13. Sie haben einen Büroraum gemietet und suchen jetzt passende Möbel. ☐
14. Sie haben eine alte Waschmaschine, die Sie verkaufen wollen. ☐
15. Sie wollen in Urlaub fahren und müssen noch einen Auto-Check machen lassen. ☐
16. Sie wollen am Wochenende ein Auto für einen Ausflug mieten. ☐
17. Sie möchten in den USA einen Englischkurs machen. ☐
18. Sie suchen einen günstigen Flug von Frankfurt nach New York. ☐
19. Sie suchen eine Bahnverbindung von Frankfurt nach Hamburg. ☐
20. Ihr Sohn braucht Nachhilfe in Mathematik. ☐

NEU: 2-wöchige Intensivkurse
in Business English
2. November: Intermediate
15. November: pre-Intermediate
Kurz und intensiv in Kleingruppen
Kurseinstufung: kostenlos
Öffnungszeiten:
Mo–Do 09.00–20.30 • Fr 09.00–18.00 • Sa. 09.00–14.00
Englisch sehr gut
INTELLIGENCE AND EXCELLENCE IN LEARNING
THE CAMBRIDGE INSTITUTE
BRITISH & AMERICAN ENGLISH FOR PLEASURE & BUSINESS
Info-Hotline 0761-20 71 10
Humboldtstr. 2
www.goodenglish.de

Dimas Fototechnik
• An- und Verkauf von Gebrauchtgeräten
• Reparaturen von Kameras und Zubehör
! Neu in der Moltkestraße 15 !
Rolf Massing & Andreas Diringer
Tel. 0761/20 88 393   www.fotomechanik.de

PRO LINGUIS
Sprachaufenthalte weltweit
Tel. 01 92 41 11 11   www.prolinguis.ch

Sichern Sie sich rechtzeitig das Beste!
Markenmöbel bis zu **50%** herabgesetzt!
Teil-**Räumungs-verkauf**
vom 21. 10–6. 11. 2004
wegen Umbau/Renovierung
MÖBELHAUS Hettiger
✳ Polstermöbel & Schlafsofas
✳ Wohnwände
✳ TV-Sessel
✳ Couchtische
✳ Eckbankgruppen
✳ Essgruppen
✳ Anrichten
✳ Vitrinen
✳ Stilmöbel
✳ Kleinmöbel
Bad Krozingen-Biengen • Gewerbegebiet • Tel. 07633/38 05 • Sonderöffnungszeiten: Mo.–Fr. 9.30–19.00 • Sa. 9.30–16.00 Uhr

Günstige Flüge innerhalb Deutschlands!

Hier einige Preisbeispiele:

Frankfurt – Berlin	166,75
Frankfurt – Hannover	105,49
Frankfurt – München	107,18
Frankfurt – Leipzig	105,35
Frankfurt – Hamburg	105,33
Hamburg – München	106,65

Zuzüglich Servicepauschale (5–45 Euro)

Buchungen unter
http://www.innerdeutsche-fluege.de

Pneuhage
Reifendienste

Service-Check
- Kühlwasser
- Ölstand
- Stoßdämpfer
- Waschwasser
- Bremsen

€ **9,99**
zzgl. Material

Freiburg,
Waltershofener Str. 12
Tel. 07 61/ 4 29 71
Titisee-Neustadt,
Gewerbestr. 6
Tel. 0 76 51/ 98 71 10

Sonderverkauf
Büromöbel wg. Umzug
Wir räumen Ausstellung & Lager
Onlineshop Büro Eins GmbH
Freiburg , Lörracher Str. 45
Tel. 07 61 - 45 37 160
MO - FR 9-18 · SA 9-16

An- u. Verkauf
mit Garantie
Gebr. Waschm., Herde,
Spülm., Trockner, Kühl-/
Gefriergeräte u.v.m.
Lieferung möglich
Elz, Denzlingen
Ferd.-Porschestr. 7
Tel. 0 76 66/ 72 11
9³⁰ – 12³⁰ h + 14³⁰ – 18⁰⁰ h, Sa. – 14⁰⁰ h

Sprachlos?
» Berlitz lehrt fremdsprechen –
kompetent und preiswert.
EDUQUA zertifiziert
0844 866 000, www.berlitz.ch
Basel, Bern, Genf, Lausanne, Luzern, Zürich
Berlitz Sprachschule

Flüge in alle Welt –
unsere aktuellen Angebote:

New York	ab € 389,–	Abu Dhabi	ab € 469,–
Dubai	ab € 399,–	Vancouver	ab € 509,–
Toronto	ab € 419,–	Peking	ab € 579,–
Detroit	ab € 439,–	Hong Kong	ab € 589,–

Preise jeweils gültig für Hin- und Rückflug
inkl. Steuern und Gebühren ab Frankfurt

Buchungen unter: www.expedia.de

**Nachhilfe mit Spaß und Sinn
im NACHHILFE-Zirkel.**
Alle Fächer. Telefon: 07641/931116

JETZT AUCH HIER, SERVICE - ZENTRUM - NORD, KARLSRUHER STR. 42
jetzt wieder im Norden **ZANGER** Inhaber B. Schubert
Abschleppdienst
Pannenhilfe
Autovermietung
24h **Europcar** STATION FRBG · NORD
☎ 07 61 / 47 20 21

Sprachbausteine

Teil 1

**Lesen Sie den Text und entscheiden Sie, welches Wort (a, b oder c)
in die Lücken 21 – 30 passt.**

Sehr geehrte Frau Sender,

in 21 letzten Zeit kommt meine Tochter Julia immer sehr müde von der Schule nach Hause. Sie hat keine Lust, die Hausaufgaben zu machen, und sagt, dass sie die 22 Schülerin in der Klasse ist. Am Morgen möchte sie am liebsten im Bett liegen bleiben.

Ich bin darüber etwas erstaunt, 23 eigentlich ist sie immer sehr gerne zur Schule gegangen. Daher frage ich Sie 24 Klassenlehrerin: Hat es in der letzten Zeit Probleme mit Julia gegeben, hat sie Streit mit Klassenkameraden gehabt? Ich erinnere 25, dass auf dem letzten Elternabend 26 diskutiert wurde, dass die Klasse sehr unruhig ist und dass sich die Jungen und Mädchen nicht immer gut verstehen. Sie haben gesagt, dass Sie mit der Klasse über die Probleme sprechen 27. Haben Sie das inzwischen gemacht? Ich habe Julia gefragt, aber leider erzählt sie mir 28.

Es würde mich freuen, wenn ich bei einem Elterngespräch mit 29 über die Situation sprechen 30. Wann würde es für Sie am besten passen?

Mit freundlichen Grüßen

Johann Schott

21.	23.	25.	27.	29.
a) ☐ der	a) ☐ weil	a) ☐ mich	a) ☐ wollen	a) ☐ dir
a) ☐ das	b) ☐ deshalb	b) ☐ sich	b) ☐ wollte	b) ☐ Ihr
b) ☐ die	c) ☐ denn	c) ☐ mir	c) ☐ will	c) ☐ Ihnen

22.	24)	26.	28.	30.
a) ☐ schlecht	a) ☐ von	a) ☐ darauf	a) ☐ nicht	a) ☐ könnte
b) ☐ schlechteste	b) ☐ als	b) ☐ darüber	b) ☐ nichts	b) ☐ konnte
c) ☐ schlechter	c) ☐ zu	c) ☐ damit	c) ☐ kein	c) ☐ kannst

Teil 2

Lesen Sie den folgenden Text und entscheiden Sie, welches Wort aus dem Kasten (a–o) in die Lücken 31–40 passt. Sie können jedes Wort im Kasten nur einmal verwenden. Nicht alle Wörter passen in den Text.

⬆ ▾   ⬇ ▾   📧 Antworten   📧 Allen antworten   📧 Weiterleiten   🚩   🖨 📝 🗑   ▦ A⁺   📓 Posteingang ▾

Liebe Kolleginnen und Kollegen,

ich schreibe diese E-Mail, 31 unsere Chefin Frau Heilmann in zwei Wochen in Rente geht. Ich glaube, wir sind alle etwas traurig und sie hat es verdient, dass wir den Abschied für sie so schön wie möglich machen. 32 habe ich mir gedacht, dass wir eine Abschiedsparty organisieren könnten.

Am besten 33 es am Freitagabend in der nächsten Woche. Nach der Arbeit können wir die Kantine schmücken. Ich kann Getränke 34 und ich schlage vor, dass jeder etwas zu essen besorgt. Am besten ist es, 35 wir eine Liste machen, auf der jeder einträgt, was er oder sie einkaufen möchte. 36 gibt es nichts doppelt.

Als Geschenk sollten wir ein Buch 37 Gärten besorgen, schließlich ist ihr Garten ihr größtes Hobby.

Natürlich soll es eine Überraschung sein und Frau Heilmann 38 bis Freitag nichts 39 wissen.

Meldet euch bei 40, damit wir alles planen können.

Viele Grüße

Johanna

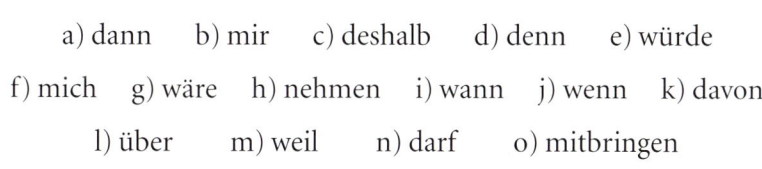

a) dann   b) mir   c) deshalb   d) denn   e) würde
f) mich   g) wäre   h) nehmen   i) wann   j) wenn   k) davon
l) über   m) weil   n) darf   o) mitbringen

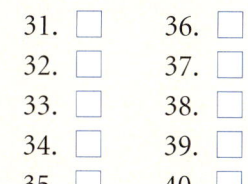

31. ☐   36. ☐
32. ☐   37. ☐
33. ☐   38. ☐
34. ☐   39. ☐
35. ☐   40. ☐

Schriftliche Prüfung Teil B
Hörverstehen (ca. 30 Minuten)

Hörverstehen

Teil 1

(((▷ **Sie hören nun fünf kurze Texte. Dazu sollen Sie fünf Aufgaben lösen.**
Sie hören diese Texte nur *einmal*.
Entscheiden Sie beim Hören, ob die Aussagen 41–45 richtig oder falsch
sind, und markieren Sie: R = richtig oder F = falsch.
Lesen Sie zuerst die Aufgaben 41–45. Sie haben dazu 30 Sekunden Zeit.

41. ☐ Sprecher 1 muss jedes Wochenende arbeiten.
42. ☐ Sprecherin 2 kann am Wochenende lange schlafen.
43. ☐ Sprecherin 3 möchte am Wochenende nicht an die Schule denken.
44. ☐ Sprecherin 4 sieht ihren Mann nur am Wochenende.
45. ☐ Sprecher 5 schaut sich am Wochenende immer das Fußballspiel seiner Kinder an.

Teil 2

(((▷ **Sie hören nun ein Gespräch. Dazu sollen Sie zehn Aufgaben lösen.**
Sie hören das Gespräch *zweimal*.
Entscheiden Sie beim Hören, ob die Aussagen 46–55 richtig oder falsch
sind und markieren Sie: R = richtig oder F = falsch.
Lesen Sie zuerst die Aufgaben 46–55. Sie haben dazu eine Minute Zeit.

46. ☐ Familie Löffler hatte auf dem Land ein Haus gemietet.
47. ☐ Familie Löffler hat durch eine Zeitungsanzeige vom Projekt ‚Alte Gärtnerei' erfahren.
48. ☐ Familie Löffler hat das Leben auf dem Land nicht gefallen.
49. ☐ In dem Reihenhaus hat Familie Löffler jetzt mehr Platz als im Bauernhaus.
50. ☐ Während der Bauzeit musste die Baugruppe viele Dinge gemeinsam entscheiden.
51. ☐ Frau Löffler lädt immer alle Nachbarn zum Geburtstag ein.
52. ☐ Familie Löffler hat guten Kontakt zu den Nachbarn.
53. ☐ Das Wohnen in der Siedlung ist für Familie Löffler nicht teurer als das Wohnen auf dem Land.
54. ☐ Familie Löffler braucht jetzt kein Auto mehr.
55. ☐ Nach Meinung von Frau Löffler sollten sich Personen, die bauen wollen, möglichst schnell entscheiden.

Teil 3

Sie hören nun fünf kurze Texte. Dazu sollen Sie fünf Aufgaben lösen.
Sie hören jeden Text *zweimal*. Entscheiden Sie beim Hören, ob die Aussagen 56–60
richtig oder falsch sind und markieren Sie: R = richtig oder F = falsch.

56. ☐ Eine 75-jährige Frau soll sich bei der Polizei melden.
57. ☐ Die Nacht wird nicht sehr kalt.
58. ☐ Jenny möchte einen Buchtitel wissen.
59. ☐ Wer nach Heidelberg möchte, muss zu Gleis 10 b gehen.
60. ☐ Wurst und Käse sind im Sonderangebot.

Schriftliche Prüfung Teil C
Schriftlicher Ausdruck (Brief) (30 Minuten)

**In Ihrem Wohnort findet jedes Jahr ein berühmtes Kulturfestival statt.
Ein Freund von Ihnen möchte in diesem Jahr in die Stadt kommen,
um das Festival zu besuchen. Er schreibt Ihnen dazu einen Brief.**

> Liebe(r) ...,
>
> gestern war im Fernsehen eine Sendung über das Kulturfestival, das im Juli bei euch
> stattfindet. Ich fand das sehr interessant und möchte in diesem Jahr mit meiner Familie
> gerne einige Veranstaltungen besuchen. Hast du genauere Informationen über das
> Programm? Und kennst du preisgünstige Hotels oder Pensionen?
> Außerdem haben wir so endlich einmal wieder Gelegenheit, uns zu sehen. Das letzte Mal
> ist ja schon einige Jahre her. Ich bin sicher, wir haben uns viel zu erzählen.
> Bitte antworte mir möglichst schnell, denn bis zu dem Festival sind es ja nur noch vier
> Wochen.
>
> Viele Grüße
>
> Manfred

Antworten Sie Ihrem Freund. Schreiben Sie etwas zu den folgenden vier Punkten:

– Veranstaltungen auf dem Kulturfestival
– Übernachtungsmöglichkeiten
– Termin für ein gemeinsames Treffen
– Vorschlag, was man gemeinsam unternehmen könnte

Überlegen Sie sich dabei eine passende *Reihenfolge der Punkte*.
Schreiben Sie auch eine passende *Einleitung* und einen passenden *Schluss*.
Vergessen Sie nicht das Datum und die Anrede.
Sie haben *30 Minuten* Zeit, den Brief zu schreiben.

Mündliche Prüfung Teilnehmende/r A

Teil 1: Kontaktaufnahme (3–4 Minuten)

Unterhalten Sie sich mit Ihrem Partner / Ihrer Partnerin über folgende Themen:

– Name
– Woher er/sie kommt
– Wo und wie er/sie wohnt (Wohnung, Haus …)
– Familie
– Was er/sie macht (Schule, Studium, Beruf …)
– Ob er/sie schon in anderen Ländern war
– Sprachen (welche?, wie lange?, warum?)

Außerdem kann der Prüfer / die Prüferin noch ein weiteres Thema ansprechen.

Teil 2: Gespräch über ein Thema (5–6 Minuten)

Deutschland „im Netz"

**Sehen Sie sich die Abbildung an und lesen Sie den Text dazu. Berichten Sie Ihrem Partner / Ihrer Partnerin kurz, welche Informationen Sie zum Thema Internet haben.
Danach berichtet Ihr Partner / Ihre Partnerin über seine/ihre Informationen.**

**Erzählen Sie Ihrem Partner / Ihrer Partnerin, ob und, wenn ja, wofür Sie das Internet nutzen oder welche anderen Medien (Zeitungen, Fernsehen) Sie nutzen. Geben Sie Gründe an.
Ihr Partner / Ihre Partnerin wird Ihnen von seinen/ihren Vorstellungen erzählen.
Reagieren Sie darauf.**

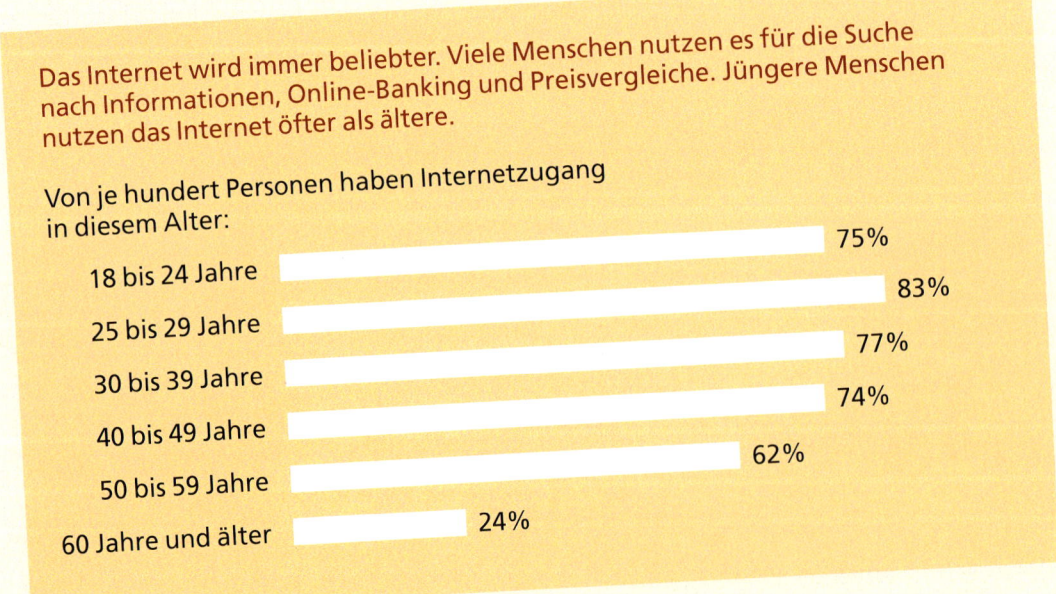

Das Internet wird immer beliebter. Viele Menschen nutzen es für die Suche nach Informationen, Online-Banking und Preisvergleiche. Jüngere Menschen nutzen das Internet öfter als ältere.

Von je hundert Personen haben Internetzugang in diesem Alter:

Alter	Prozent
18 bis 24 Jahre	75%
25 bis 29 Jahre	83%
30 bis 39 Jahre	77%
40 bis 49 Jahre	74%
50 bis 59 Jahre	62%
60 Jahre und älter	24%

Teil 3: Gemeinsam eine Aufgabe lösen (5 – 6 Minuten)

Sie wollen mit Ihrem Gesprächspartner zusammen eine Wohnung mieten.
Überlegen Sie gemeinsam, was für eine Wohnung geeignet ist und wie Sie eine finden können.
Sie haben sich schon einen Zettel mit Notizen gemacht.

– Wo soll die Wohnung liegen?
– Wie groß soll die Wohnung sein?
– Wie viel darf sie kosten?
– Wie schnell brauchen Sie die neue Wohnung?
– Wo bekommt man Informationen über freie Wohnungen?
– Wer ruft die Vermieter an?
– Wann haben Sie Zeit, um gemeinsam zu suchen?

Mündliche Prüfung Teilnehmende/r B

Teil 1: Kontaktaufnahme (3–4 Minuten)

Unterhalten Sie sich mit Ihrem Partner / Ihrer Partnerin über folgende Themen:

– Name
– Woher er/sie kommt
– Wo und wie er/sie wohnt (Wohnung, Haus …)
– Familie
– Was er/sie macht (Schule, Studium, Beruf …)
– Ob er/sie schon in anderen Ländern war
– Sprachen (welche?, wie lange?, warum?)

Außerdem kann der Prüfer / die Prüferin noch ein weiteres Thema ansprechen.

Teil 2: Gespräch über ein Thema (5–6 Minuten)

Deutschland „im Netz"

**Sehen Sie sich die Abbildung an und lesen Sie den Text dazu. Berichten Sie Ihrem Partner / Ihrer Partnerin kurz, welche Informationen Sie zum Thema Internet haben.
Danach berichtet Ihr Partner / Ihre Partnerin über seine/ihre Informationen.**

**Erzählen Sie Ihrem Partner / Ihrer Partnerin, ob und, wenn ja, wofür Sie das Internet nutzen oder welche anderen Medien (Zeitungen, Fernsehen) Sie nutzen. Geben Sie Gründe an.
Ihr Partner / Ihre Partnerin wird Ihnen von seinen/ihren Vorstellungen erzählen.
Reagieren Sie darauf.**

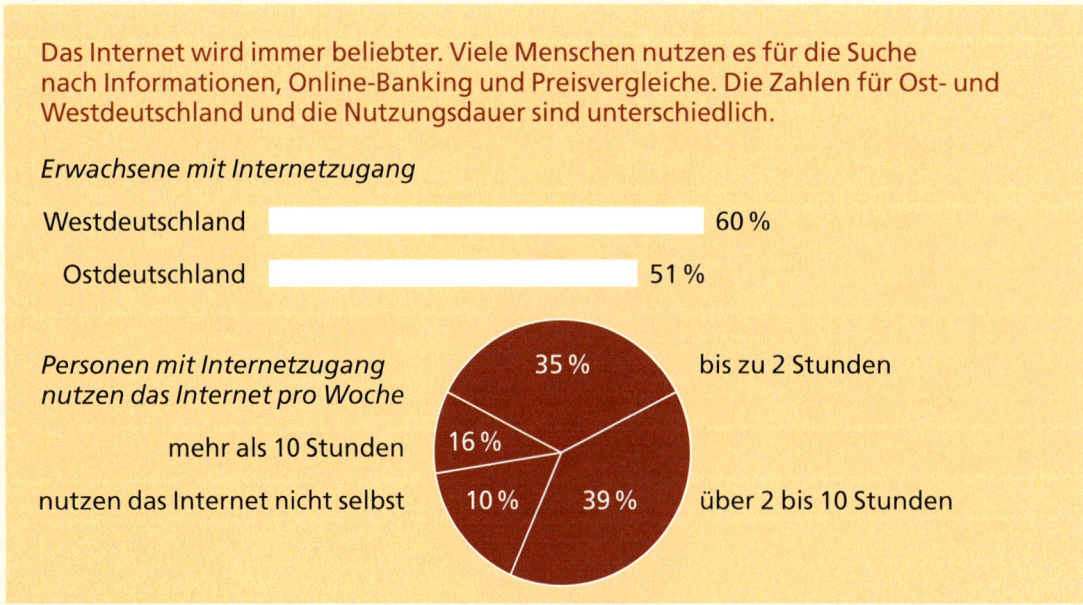

Das Internet wird immer beliebter. Viele Menschen nutzen es für die Suche nach Informationen, Online-Banking und Preisvergleiche. Die Zahlen für Ost- und Westdeutschland und die Nutzungsdauer sind unterschiedlich.

Erwachsene mit Internetzugang

Westdeutschland 60 %
Ostdeutschland 51 %

Personen mit Internetzugang nutzen das Internet pro Woche

bis zu 2 Stunden 35 %
mehr als 10 Stunden 16 %
nutzen das Internet nicht selbst 10 %
über 2 bis 10 Stunden 39 %

Teil 3: Gemeinsam eine Aufgabe lösen (5 – 6 Minuten)

Sie wollen mit Ihrem Gesprächspartner zusammen eine Wohnung mieten.
Überlegen Sie gemeinsam, was für eine Wohnung geeignet ist und wie Sie eine finden können.
Sie haben sich schon einen Zettel mit Notizen gemacht.

– Wo soll die Wohnung liegen?

– Wie groß soll die Wohnung sein?

– Wie viel darf sie kosten?

– Wie schnell brauchen Sie die neue Wohnung?

– Wo bekommt man Informationen über freie Wohnungen?

– Wer ruft die Vermieter an?

– Wann haben Sie Zeit, um gemeinsam zu suchen?

Die Grammatik im Überblick

B2 Der Infinitiv mit *zu*

1 Den Infinitiv mit zu braucht man

– nach Verben, die Anfang/Ende, eine Erlaubnis, ein Verbot, eine Absicht,
ein Gefühl ausdrücken:

anfangen, beginnen, aufhören, erlauben, verbieten, vorhaben,
vorschlagen, sich freuen, hoffen, …

– nach einigen anderen Verben:

bitten, versprechen, vergessen, versuchen, helfen, …

Gleich fängt es an **zu** regnen.

Ich möchte dich bitten, meine Frau **zu** werden.

Sie hat vergessen, die Tür zu**zu**machen.

– nach Nomen + *haben:*

Angst haben, Interesse haben, Lust haben, Probleme haben, Zeit haben, …

Viele Kinder haben abends Angst, allein **zu** sein.
Er hat großes Interesse, mehr über Politik **zu** erfahren.
Ich habe jetzt Lust, ein Eis **zu** essen.

– nach unpersönlichen Sätzen mit *es:*

Es ist ärgerlich, …, Es ist gefährlich, …, Es ist gut, …, Es ist langweilig, …,
Es ist leicht, …, Es ist möglich/unmöglich, …, Es ist schlecht, …,
Es ist schlimm, …, Es ist schwer, …, Es macht Spaß, …

Es ist gut, Freunde **zu** haben.
Es ist schwer, eine Fremdsprache **zu** lernen.
Es macht Spaß, im Sommer spazieren **zu** gehen.

1. Das Verb im Infinitiv steht am Satzende. *Zu* steht bei den meisten Verben vor dem Infinitiv. Bei trennbaren Verben steht *zu* zwischen der Vorsilbe und dem Infinitiv des Stammverbs.
2. Vor den Infinitivkonstruktionen kann man ein Komma setzen, um den Sinn und die Gliederung des Satzes deutlich zu machen.
3. Infinitivkonstruktionen sind nur möglich, wenn Hauptsatz und Infinitivsatz ein gleiches Subjekt haben. Bei unterschiedlichem Subjekt braucht man einen Nebensatz mit *dass*.
Ich hoffe, bald gesund zu sein. – Ich hoffe, dass du bald gesund bist.

D Modalpartikel

Modalpartikel im Satz haben keine eigene Bedeutung. Man kann den Satz auch ohne Modalpartikel verstehen. Modalpartikel sind Signalworte, die Interesse, Neugier, Überraschung usw. angeben. Sie kommen vor allem in der gesprochenen Sprache vor.

Ruf doch mal Jasmin an!

Das mache ich später. Weißt du denn nicht, dass sie jetzt nicht zu Hause ist?

Modalpartikel	Bedeutung	Beispiel
aber	Überraschung	Das freut mich **aber**, dass du Zeit hast.
denn	1. Interesse/Neugier in Fragen	1. Wie heißt du **denn**?
	2. negative Überraschung / Vorwurf in Fragen	2. Was soll das **denn**? Was machst du da?
doch	1. Vorwurf	1. Du weißt **doch**, dass ich dir nicht helfen kann!
	2. Etwas sollte allgemein bekannt sein.	2. Es ist **doch** klar, dass im Fernsehen nicht alles so ist wie im wirklichen Leben.
	3. Freundliche Bitte/Aufforderung	3. Komm **doch** am Sonntag vorbei.
	4. Unsicherheit, ob eine positive Antwort kommt	4. Du bist mir **doch** nicht böse, oder?
eben	Resignation	+ In der Aufgabe ist ein Fehler. – Dann muss ich sie **eben** noch einmal machen.
ja	Etwas ist schon bekannt.	Hast du noch einmal über die Sache nachgedacht? Wir haben gestern **ja** darüber gesprochen.
mal	Frage, Aufforderung	Könntest du bitte **mal** kommen? / Komm **mal**!
schon	1. Man stimmt einer Aussage zu, hat aber eine eigene Meinung.	Das kann **schon** sein, aber ich sehe das anders.
	2. Beruhigung	Keine Angst, das schaffen wir **schon**.
wohl	Vermutung	Henry geht nicht ans Telefon. Er ist **wohl** nicht da.

A **Die Adjektivdeklination im Nominativ, Akkusativ und Dativ**

1 **Singular**

– nach dem bestimmten Artikel:

	Nominativ	Akkusativ	Dativ
Singular			
maskulin	der nett**e** Mann	den nett**en** Mann	dem nett**en** Mann
feminin	die nett**e** Frau	die nett**e** Frau	der nett**en** Frau
neutral	das nett**e** Kind	das nett**e** Kind	dem nett**en** Kind

Ebenso nach: *dieser/diese/dieses, jeder/jede/jedes, welcher/welche/welches, derselbe/dieselbe/dasselbe*

– nach dem unbestimmten Artikel:

	Nominativ	Akkusativ	Dativ
Singular			
maskulin	ein nett**er** Mann	einen nett**en** Mann	einem nett**en** Mann
feminin	eine nett**e** Frau	eine nett**e** Frau	einer nett**en** Frau
neutral	ein nett**es** Kind	ein nett**es** Kind	einem nett**en** Kind

Ebenso nach: *kein/keine* **und nach den Possessivbegleitern** *(mein, dein, …)*

– ohne Artikel:

	Nominativ	Akkusativ	Dativ
Singular			
maskulin	groß**er** Erfolg	groß**en** Erfolg	groß**em** Erfolg
feminin	gepflegt**e** Kleidung	gepflegt**e** Kleidung	gepflegt**er** Kleidung
neutral	lang**es** Haar	lang**es** Haar	lang**em** Haar

Ebenso nach: *etwas, viel, wenig*

2 Plural

– nach dem bestimmten Artikel:

	Nominativ	Akkusativ	Dativ
Plural			
maskulin	die nett**en** Männer	die nett**en** Männer	den nett**en** Männern
feminin	die nett**en** Frauen	die nett**en** Frauen	den nett**en** Frauen
neutral	die nett**en** Kinder	die nett**en** Kinder	den nett**en** Kindern

Ebenso nach: *diese, alle, welche, dieselben* und nach den
Possessivbegleitern im Plural *(meine, deine, ...)*

– ohne Artikel:

	Nominativ	Akkusativ	Dativ
Plural			
maskulin	nett**e** Männer	nett**e** Männer	nett**en** Männern
feminin	nett**e** Frauen	nett**e** Frauen	nett**en** Frauen
neutral	nett**e** Kinder	nett**e** Kinder	nett**en** Kindern

Ebenso nach: Zahlwörtern *(zwei, drei, …)*, *einige, mehrere, viele, wenige*

C *damit* und *um … zu / zum* + Infinitiv als Nomen

1 *damit* und *um … zu*

Ich schließe abends die Tür ab, **damit** ich mich sicher fühle.

Hauptsatz   Nebensatz

Ich schließe abends die Tür ab, **um** mich sicher **zu** fühlen.

<mark>Die Nominativergänzungen sind gleich.</mark>

Ich schließe abends die Tür ab, **damit** keine fremden Personen ins Haus kommen.

Hauptsatz   Nebensatz

<mark>Die Nominativergänzungen sind verschieden.</mark>

Trennbare Verben

Ich treffe mich mit meiner Freundin, **um** zusammen ein**zu**kaufen.

Mit *um … zu* und *damit* drückt man eine Absicht / einen Zweck aus. Wenn die Nominativ-ergänzungen im Hauptsatz und im Nebensatz gleich sind, kann man *um … zu* + Infinitiv benutzen, wenn sie verschieden sind, muss man *damit* benutzen.
Bei trennbaren Verben steht *zu* zwischen der Vorsilbe und dem Infinitiv.
Nebensätze mit *damit* und Nebensätze mit *um … zu* + Infinitiv antworten oft auf Fragen mit *wozu* und *warum*:
+ Wozu braucht man diese Grammatik? – Um die Regeln besser zu verstehen.
+ Warum gehst du zur Schule? – Um Deutsch zu lernen.

2 *zum* + Infinitiv als Nomen

Um zu kochen, braucht man einen Kochtopf.   Sandro hat ein eigenes Zimmer, **um zu** arbeiten.
Zum Kochen braucht man einen Kochtopf.   Sandro hat **zum** Arbeiten ein eigenes Zimmer.

Auch mit *zum* + Infinitiv kann man eine Absicht / einen Zweck ausdrücken.
Der Infinitiv ist dann ein Nomen und wird groß geschrieben.

D *(an)statt … zu*

Ich koche heute **nicht, sondern** ich gehe ins Restaurant.
Ich gehe ins Restaurant, **(an)statt** zu kochen.
(An)statt zu kochen, gehe ich ins Restaurant.

Mit *(an)statt … zu* gibt man Alternativen an. Man macht eine Sache *nicht, sondern* eine andere.

A *obwohl* und *trotzdem*

Ich (konnte) nicht einschlafen, **obwohl** ich sehr müde (war).
Hauptsatz   Nebensatz

Obwohl ich sehr müde (war), (konnte) ich nicht einschlafen.
Nebensatz   Hauptsatz

Ich (war) sehr müde. **Trotzdem** (konnte) ich nicht einschlafen.
Hauptsatz   Hauptsatz

> *Obwohl* und *trotzdem* sind Konjunktionen. Sie bezeichnen Gegen-
> sätze. *Obwohl*-Sätze sind Nebensätze, das Verb steht am Ende des
> Nebensatzes. *Trotzdem* leitet einen Hauptsatz ein und das Verb steht
> auf Position 2. Der Satz mit *trotzdem* bezieht sich immer auf einen
> vorhergehenden Satz.

C *denn* und *weil* – *deshalb, darum* und *deswegen*

                              Position 0   Position 1   Position 2

Pawlik (kommt) jetzt in die Schule, **denn**   er   (ist) 6 Jahre alt.
Hauptsatz   Hauptsatz

Pawlik (kommt) jetzt in die Schule, **weil** er 6 Jahre alt (ist).
Hauptsatz   Nebensatz

Weil Pawlik 6 Jahre alt (ist), (kommt) er jetzt in die Schule.
Nebensatz   Hauptsatz

                      Position 1   Position 2

Pawlik (ist) 6 Jahre alt. **Deshalb** (kommt) er jetzt in die Schule.
Hauptsatz   Hauptsatz

> *Deshalb, darum* und *deswegen* haben die gleiche Bedeutung. Sie verbinden Hauptsätze.
> Nach *deshalb, darum* und *deswegen* steht das Verb steht auf Position 2.
> Sätze mit *deshalb, darum* und *deswegen* beziehen sich immer auf einen vorhergehenden Satz.
> Man kann aus ihnen Satzverbindungen mit *weil* (Hauptsatz und Nebensatz) oder mit *denn*
> (Hauptsatz und Hauptsatz) machen.

D Der Genitiv

1 Deklination

	Genitiv
Singular	
maskulin	die Hilfe d**es** Mann**es**
	der Geburtstag mein**es** Vater**s**
	die Frage d**es** Junge**n**
feminin	mit den Augen ein**er** Frau
neutral	die Geburt ein**es** Kind**es**
Plural	ein großer Teil d**er** Männ**er**

Die Artikelendung im Genitiv ist für maskuline und neutrale Nomen *-es*. Bei femininen Nomen und bei Nomen im Plural steht die Endung *-er*.
Maskuline und neutrale Nomen haben im Genitiv die Endung *-es* (bei den meisten einsilbigen Nomen) oder *-s*. Einige wenige maskuline Nomen haben die Endung *-en* oder *-n* (z. B. der Bauer – des Bauern, der Junge – des Jungen, der Kollege – des Kollegen, der Herr – des Herrn).

2 Präpositionen mit dem Genitiv

außerhalb d**es** Park**s**
innerhalb d**er** Stadtmauer**n**
während d**er** Fahrt
wegen ein**es** Termin**s** – *oder:* wegen ein**em** Termin

Einige Präpositionen haben den Genitiv. Die wichtigsten sind *außerhalb, innerhalb, während* und *wegen*. *Wegen* kann im mündlichen Deutsch auch mit dem Dativ stehen.

3 Funktion

Der Genitiv verbindet Nomen, z. B. einen Teil und das Ganze. Er gibt auch Besitz oder Zugehörigkeit an.

70 % der Deutschen / die Mehrheit der Deutschen
Die Gleichberechtigung der Frau ist ein aktuelles Thema.
Ich bin mit dem Auto meines Vaters zur Arbeit gefahren.
Der Bruder meiner Mutter ist mein Onkel.

Ich schaue dich an. Du schaust mich an.

→ Wir schauen **uns** an. Wir schauen **einander** an.

Ricardo kennt Deborah schon seit zehn Jahren. Deborah kennt
Ricardo schon seit zehn Jahren.

→ Sie kennen **sich** schon seit zehn Jahren. Sie kennen **einander** schon
seit 10 Jahren.

**Mit den Reflexivpronomen kann man auch eine gegenseitige
Beziehung ausdrücken. Man kann für die Reflexivpronomen auch
das Pronomen *einander* benutzen.**

Die Bücher liegen **übereinander**.

Sie spielen **gegeneinander**.

Die Autos stehen **nebeneinander**.

Sie sprechen nicht **miteinander**.

Einander kann man mit einer Präposition verbinden: *übereinander,
füreinander, gegeneinander, miteinander, nebeneinander, voreinander,
usw.*

C Nebensätze mit *so dass* oder *so … dass*

Gestern hatte ich Fieber, **so dass** ich nicht arbeiten konnte.

Hauptsatz   Nebensatz

Er ist **so** schnell gefahren, **dass** er fast einen Unfall hatte.

Hauptsatz   Nebensatz

> **Mit *so dass* beschreibt man die Folgen einer Sache. Dcr Nebensatz mit *so dass* steht immer hinter dem Hauptsatz. Wenn im Hauptsatz ein Adjektiv besonders betont ist, steht *so* vor diesem Adjektiv.**

D Der Konjunktiv II

1 Formen

	haben	**sein**	**werden**	**müssen**	**dürfen**	**können**
ich	hätte	wäre	würde	müsste	dürfte	könnte
du	hättest	wärst	würdest	müsstest	dürftest	könntest
er/sie/es	hätte	wäre	würde	müsste	dürfte	könnte
wir	hätten	wären	würden	müssten	dürften	könnten
ihr	hättet	wäret	würdet	müsstet	dürftet	könntet
sie/Sie	hätten	wären	würden	müssten	dürften	könnten

Ich **würde** gern ein Stück Kuchen **essen**.
Ich **wäre** schon zu Hause, wenn ich nicht länger arbeiten **müsste**.
Ich **hätte** gern mehr Zeit.

> **Den Konjunktiv II der meisten Verben bildet man mit *würde* + Infinitiv. Bei *haben* und *sein* und den Modalverben *können*, *müssen* und *dürfen* gibt es eine eigene Konjunktiv-II-Form. Bei den Modalverben *wollen* und *sollen* sind die Präteritumsformen und die Konjunktiv-II-Formen gleich *(ich wollte, ich sollte, …)*.**

2 Funktion

Bedingung

Wenn ich genug Geld **hätte, würde** ich eine Weltreise **machen**.
Wenn mein Chef freundlicher **wäre, würde** ich bestimmt mehr Urlaub **bekommen**.

Höfliche Bitte

Könnten Sie bitte zur Seite gehen?

Vorschlag

Es **wäre** besser, wenn du mit dem Rauchen **aufhören würdest**.
Du **solltest** mehr zuhören und weniger reden.

Wunsch

Er **würde** gern mehr Geld **verdienen**.

> **Der Konjunktiv II beschreibt Dinge, die nicht oder noch nicht real sind: Bedingungen, Vorschläge und Wünsche. Außerdem braucht man den Konjunktiv II in höflichen Bitten.**

Lektion 5
Früher und heute

Es **war** einmal eine Feldmaus. Sie **lebte** in einem kleinen Mauseloch auf einem Feld. Weil sie sich sehr einsam **fühlte**, **zog** sie in die Stadt zu ihrer Cousine.

A **Das Präteritum der regelmäßigen Verben**

	sagen	reden
ich	sag -**te**	red -**ete**
du	sag -**test**	red -**etest**
er/sie/es	sag -**te**	red -**ete**
wir	sag -**ten**	red -**eten**
ihr	sag -**tet**	red -**etet**
sie/Sie	sag -**ten**	red -**eten**

> **Das Präteritumssignal der regelmäßigen Verben ist -*te* bei der Endung. Wegen der Aussprache steht bei den Verben mit Verbstamm auf -*t* und -*d* zwischen Stamm und Endung ein -*e (arbeitete, redete)*. Die Formen der 2. Person benutzt man bei den meisten Verben im Präteritum nur selten. Man benutzt das Präteritum in der 2. Person aber bei *haben, sein* und bei den Modalverben: Hattest du früher ein eigenes Zimmer?**

	geben	fahren	wissen	denken
ich	gab	fuhr	wuss -**te**	dach -**te**
du	gab -**st**	fuhr-**st**	wuss -**test**	dach -**test**
er/sie/es	gab	fuhr	wuss -**te**	dach -**te**
wir	gab -**en**	fuhr-**en**	wuss -**ten**	dach -**ten**
ihr	gab -**t**	fuhr-**t**	wuss -**tet**	dach -**tet**
sie/Sie	gab -**en**	fuhr-**en**	wuss -**ten**	dach -**ten**

Bei den unregelmäßigen Verben ändert sich im Präteritum der Verbstamm. Die Stammvokale im Präteritum sind:

a (geben – gab) i/ie (gehen – ging/gefallen – gefiel)
o (ziehen – zog) u (werden – wurde)

Einige unregelmäßige Verben haben im Präteritum die gleichen Endungen wie die regelmäßigen Verben, die wichtigsten sind:
bringen – brachte, denken – dachte, kennen – kannte, rennen – rannte, wissen – wusste.

lesen – las...

Im Mündlichen benutzt man meistens das Perfekt. Das Präteritum benutzt man vor allem in schriftlichen Texten, z. B. wenn man eine längere Geschichte erzählt. Nur bei *haben*, *sein* und den Modalverben benutzt man auch im Mündlichen meistens das Präteritum.

Lerntipp: Welche Verben unregelmäßig sind, müssen Sie lernen. Hat das Partizip eines Verbs die Endung *-en*, z. B. *gegeben, gelesen,* dann ist auch die Präteritumsform unregelmäßig. Die Liste der unregelmäßigen Verben finden Sie im Anhang, S. 174.

Lektion
6 Daten zur Geschichte

B Zeiten und Nebensätze

1 Plusquamperfekt

Bianca war am Abend sehr müde, denn sie **hatte** den ganzen Tag **gearbeitet**.

Der Zug **war** schon **abgefahren**, als ich am Bahnhof ankam.

Für die Vergangenheit gibt es Perfekt, Präteritum und Plusquamperfekt. Das Plusquamperfekt benutzt man, wenn etwas <u>vor</u> einem anderen Ereignis in der Vergangenheit passiert ist. Man bildet es mit den Präteritumsformen der Verben *haben* und *sein* und dem Partizip II.

2 Nebensätze mit *nachdem*

Sie **sprachen** kein Wort mehr miteinander, **nachdem** sie sich **gestritten hatten**.

Hauptsatz   Nebensatz

Nachdem er ein neues Auto **gekauft hat**, **macht** er jedes Wochenende einen Ausflug.

Nebensatz   Hauptsatz

In Satzverbindungen mit *nachdem* gibt es immer einen Zeitenwechsel. Wenn der Nebensatz mit *nachdem* im Plusquamperfekt steht, steht der Hauptsatz im Perfekt oder Präteritum. Wenn der Nebensatz mit *nachdem* im Perfekt steht, steht der Hauptsatz im Präsens.

3 Nebensätze mit *als* und *wenn*

Ich habe den Führerschein gemacht, **als** ich 18 Jahre alt war.

Hauptsatz   Nebensatz

Als ich gestern nach Hause **kam**, war der Kühlschrank leer.

Nebensatz   Hauptsatz

Du musst nach Hause kommen, **wenn** es dunkel wird.

Hauptsatz   Nebensatz

Wenn wir Mathematik hatten, habe ich nur selten aufgepasst.

Nebensatz   Hauptsatz

Temporale Nebensätze mit *als* stehen immer in der Vergangenheit. Sie beschreiben ein Ereignis in der Vergangenheit, das nur einmal passiert ist. Temporale Nebensätze mit *wenn* können in der Gegenwart oder in der Vergangenheit stehen. In der Vergangenheit beschreiben sie ein Ereignis, das mehrmals passiert ist.

A *derselbe, dieselbe, dasselbe, dieselben*

In diesem Café bedient immer **derselbe** Kellner.
Mein Bruder und ich sind auf **dasselbe** Gymnasium gegangen.
Er wohnt seit 20 Jahren in **derselben** Stadt.
Alle Kinder haben **dieselben** Fragen.

> *Derselbe, dieselbe, dasselbe* und *dieselben* drücken eine Identität aus.
> **Man dekliniert sie wie den bestimmten Artikel.**

D Das Passiv

1 Formen

Das Auto **wird geputzt.**
Das Auto **ist geputzt worden**.

> **Das Passiv Präsens bildet man mit** *werden* **und dem Partizip II.**
> **Das Passiv Perfekt bildet man mit** *sein*, **dem Partizip II und** *worden*.

2 Funktion

– Was macht denn Herr
  Schneider da?
+ Er putzt das Auto.

– Wo ist denn das Auto?
+ Es ist in der Werkstatt und
  wird repariert.

Das Auto **wird** von einem
Mechaniker **repariert**.

> **Im Aktiv ist die handelnde Person wichtig. Im Passiv ist die Aktion**
> **wichtig. Es ist möglich, die handelnde Person in einem Passivsatz mit**
> *von* **+ Dativ anzugeben, aber es ist nicht notwendig.**

Silvester feiert **man** viele Partys.
Silvester **werden** viele Partys **gefeiert**.

Man **hat** mich nicht **gefragt**.
Ich **bin** nicht **gefragt worden**.

Oft wird anstatt des Passivs das Indefinitpronomen *man* verwendet.
Man benutzt es für allgemeine Aussagen und wenn man nicht sagen
will oder kann, wer etwas tut. Die handelnde Person ist nicht wichtig.

Sonntags arbeitet **man** in der Fabrik nicht.
Sonntags **wird** in der Fabrik nicht **gearbeitet**.

Man benutzt das Passiv sehr oft ohne Nominativergänzung.
Dann steht *werden* immer in der 3. Person Singular.

Lektion

8 Ein neuer Start

B Die indirekte Frage

1 Formen

direkte Frage	*indirekte Frage*
Macht er die Hausaufgaben?	Weißt du, **ob** er die Hausaufgaben (macht)?
	Hauptsatz Nebensatz
Wo ist die Hauptstraße?	Können Sie mir bitte sagen, **wo** die Hauptstraße (ist)?
	Hauptsatz Nebensatz

In der Satzfrage (Frage ohne Fragewort) steht das Verb am Satzanfang, in der *W*-Frage
(Frage mit Fragewort) das Fragewort.
Oft stellt man Fragen indirekt, d. h. man leitet sie durch einen Hauptsatz ein.
Dann wird der Fragesatz ein Nebensatz und das Verb steht am Ende des Nebensatzes.
In Satzfragen wird der Nebensatz mit *ob* eingeleitet, in *W*-Fragen mit dem Fragewort.

2 Funktion

Fragen in der indirekten Rede

– Haben Sie Ihre Hausaufgaben gemacht?
+ Der Lehrer hat gefragt, **ob** wir unsere Hausaufgaben gemacht haben.
   Hauptsatz   Nebensatz

– Wann schreiben wir den Test?
+ Nadine möchte wissen, **wann** wir den Test schreiben.
   Hauptsatz   Nebensatz

Höfliche Fragen

Wissen Sie, **wie** spät es ist?

Hauptsatz   Nebensatz

Darf ich fragen, **wie** Sie heißen?

Hauptsatz   Nebensatz

Aufforderungen

Bitte teilen Sie uns mit, **wie lange** Sie bleiben wollen.

Hauptsatz   Nebensatz

Bitte infomieren Sie uns, **wann** wir Sie nächste Woche anrufen können.

Hauptsatz   Nebensatz

Sag doch bitte, **mit wem** du gesprochen hast.

Hauptsatz   Nebensatz

Beispiele für weitere Einleitungssätze

Ich frage mich, …
Mich interessiert, …
Ich würde gerne wissen, …
Mir ist nicht klar, …
Es ist nicht sicher, …
Ich weiß nicht, …
Er möchte nicht sagen, …

Lektion

9 Stadt und Land

A **Ortsadverbien**

Das Buch und die Brille liegen auf dem Tisch.
Der Kugelschreiber liegt zwischen dem Buch
und der Brille.
Der Kugelschreiber liegt **dazwischen**.

Vorne auf dem Bild ist Ramona.
Peter steht hinter Ramona.
Peter steht **dahinter**.

> Die Ortsadverbien mit *da(r)-* + Präposition (*darüber, dahinter,*
> *daneben, darin* usw.) beziehen sich auf ein Wort oder mehrere Wörter davor.

Temporale Nebensätze mit *bevor, seit/seitdem* und *während*

Bevor ich meine Freunde besuche, rufe ich sie an.

Nebensatz   Hauptsatz

Paul, kannst du bitte noch den Geschirrspüler ausräumen, **bevor** du zum Fußball gehst?

Hauptsatz   Nebensatz

Nebensätze mit *bevor* beschreiben Handlungen und Ereignisse, die zeitlich nach den Handlungen und Ereignissen im Hauptsatz liegen: Zuerst rufe ich meine Freunde an. Dann besuche ich sie. Zuerst soll Paula den Geschirrspüler ausräumen. Dann geht sie zum Fußball.

Seit ich eine Arbeit gefunden habe, habe ich kaum noch Freizeit.

Nebensatz   Hauptsatz

Frau Hallmann kann viel besser schlafen, **seitdem** sie auf dem Land wohnt.

Hauptsatz   Nebensatz

Nebensätze mit *seit/seitdem* beschreiben Handlungen oder Ereignisse in der Vergangenheit, die auch in der Gegenwart noch aktuell sind, oder Handlungen und Ereignisse, die in der Vergangenheit begonnen haben und bis in die Gegenwart dauern.

Während er das Essen kochte, hörte er die Nachrichten.

Nebensatz   Hauptsatz

Unsere Nachbarn gießen immer die Blumen, **während** wir Urlaub machen.

Hauptsatz   Nebensatz

Nebensätze mit *während* bezeichnen Ereignisse oder Handlungen, die gleichzeitig passieren.

Ihr Hobby sind Blumen, **während** sein Hobby Auto fahren ist.

Hauptsatz   Nebensatz

Nebensätze mit *während* können auch Gegensätze bezeichnen.

Während der Fahrt kann Herr Hallmann sich ausruhen.
Seit letztem Jahr wohnen wir auf dem Land.

Während und *seit* können auch Präpositionen sein. *Während* steht mit dem Genitiv und *seit* mit dem Dativ.

Zusammenfassung: Konjunktionen, die Haupt- und Nebensätze verbinden

dass　　　Er hat erzählt, **dass** er am Wochenende nach Kassel fährt.
　　　　　　→ Ergänzungssatz

ob　　　　Die Nachbarn haben gefragt, **ob** wir auf ihre Katze aufpassen können.
　　　　　　→ Ergänzungssatz, indirekte Frage

weil　　　Ich gehe heute früh ins Bett, **weil** ich morgen lange arbeiten muss.
　　　　　　→ Kausalsatz

wenn　　　Man kann nur studieren, **wenn** man das Abitur hat.
　　　　　　→ Konditionalsatz

damit　　　Ich repariere das Fahrrad, **damit** du nicht den Bus nehmen musst.
um … zu　　Ich repariere das Fahrrad, **um** zur Arbeit fahren **zu** können.
　　　　　　→ Finalsatz

so dass　　Leider war es sehr laut, **so dass** man nichts von dem Vortrag verstehen konnte.
　　　　　　Leider war es **so** laut, **dass** man nichts von dem Vortrag verstehen konnte.
　　　　　　→ Konsekutivsatz

als　　　　Ich war ganz in der Nähe, **als** der Unfall passierte.
　　　　　　→ Temporalsatz

wenn　　　Ich schalte immer den Fernseher ein, **wenn** es acht Uhr ist.
　　　　　　→ Temporalsatz

nachdem　Die Autos dürfen erst weiterfahren, **nachdem** die Ampel auf Grün gesprungen ist.
　　　　　　→ Temporalsatz

bevor　　　Man muss den Führerschein machen, **bevor** man Auto fahren darf.
　　　　　　→ Temporalsatz

**seit/
seitdem**　　Bei uns ist es viel ruhiger geworden, **seit/seitdem** die Kinder nicht mehr im Haus sind.
　　　　　　→ Temporalsatz

während　Viele Leute lesen die Zeitung, **während** der Friseur ihre Haare schneidet.
　　　　　　→ Temporalsatz

während　Sie ist immer optimistisch, **während** er sich nur Sorgen macht.
　　　　　　→ Adversativsatz

C Das Partizip I

parken – parken**d**   denken – denken**d**

ein **parkendes** Auto   ein **denkender** Mensch

Ein parkendes Auto ist ein Auto, das parkt.
Ein denkender Mensch ist ein Mensch, der denkt.

> **Das Partizip I bildet man mit dem Infinitiv + -d. Man benutzt es meistens wie ein Adjektiv. Man kann es in einen Relativsatz umwandeln.**

D Doppelkonjunktionen

Position 2

Je länger ich über die Sache **nachdenke, desto fester** wird   meine Meinung.

Nebensatz   Hauptsatz

Gestern war es **sowohl** sonnig **als auch** warm.

Im Schwarzwald gibt es **nicht nur** viele Wanderwege, **sondern** man kann **auch** Ski fahren.

Entweder ziehe ich das rote **oder** das blaue Hemd an.

> **Mit den Doppelkonjunktionen verbindet man Sätze oder Satzteile.**
> **– Sätze mit *je … desto* vergleichen zwei Komparative. Zuerst steht ein Nebensatz mit *je* + Komparativ. Danach folgt ein Hauptsatz mit *desto* + Komparativ und das Verb steht hinter dem Komparativ.**
> **– Mit *sowohl … als* auch und *nicht nur … sondern auch* zählt man Sachen auf.**
> **– *entweder … oder* bezeichnet Alternativen oder Möglichkeiten, von denen man nur eine realisieren kann.**

Viele Länder haben den Euro, aber es gibt **einige**, die noch ihre nationale Währung haben. Dafür gibt es **mehrere** Gründe: In **manchen** Ländern ist die Wirtschaft noch nicht auf den Euro vorbereitet, in **anderen** Ländern sind viele Menschen skeptisch.

Zusammenfassung: Indefinitpronomen ☞ Bd. 2b 102

In Deutschland dürfen die Bürger ab 18 wählen. Aber nicht **jeder** geht zur Wahl.
Auf der Straße spielten viele Kinder. **Jedes** hatte einen Ball.

+ Gibt es noch Milch? – Nein, aber ich hole **welche**, wenn ich einkaufen gehe.

Sie hat bei den Nachbarn geklingelt, aber **keiner** hat aufgemacht.
Ich habe meine Freundinnen nach der Lösung der Aufgabe gefragt. **Keine** wusste die Antwort.
Ich wollte Mineralwasser trinken, aber es war **keins** mehr da.

Manche Leute wünschen sich, im Fernsehen auftreten zu dürfen.

Vor dem Haus stehen **mehrere** Autos.

Indefinitpronomen nur für Personen	Indefinitpronomen nur für Sachen	Indefinitpronomen für Personen und Sachen
jemand	alles	alle
man	etwas	andere
niemand	nichts	einige
	viel	jeder/jede/jedes
	welcher/welche/welches	keiner/keine/keins
		mancher/manche/manches
		mehrere
		viele
		welche (im Plural)

Indefinitpronomen mit Singular	Indefinitpronomen mit Plural	Indefinitpronomen im Singular und Plural
alles	alle	andere … / der/die/das andere /
etwas	einige	ein anderer / eine andere / ein anderes /
jeder/jede/jedes	mehrere	die anderen
jemand		keiner/keine/keins – keine
man		mancher/manche/manches – manche
nichts		viel – viele
niemand		welcher/welche/welches – welche

A **Das Futur**

Heute **wird** es **regnen**.
In meinem Leben **wird** sich viel **ändern**.
Im Jahr 2055 **werden** die Menschen bestimmt weniger **arbeiten** als heute.
Nächste Woche **werde** ich dich bestimmt öfter **besuchen**.

> **Das Futur bildet man mit *werden* und dem Infinitiv. Mit dem Futur kann man sagen, was in der Zukunft passieren wird. Man verwendet es oft bei Prognosen oder Versprechungen für die Zukunft.**

Heute Abend rufe ich meine Eltern an.
Nächste Woche gehen wir in den Zoo.

> **Im Deutschen verwendet man auch das Präsens, wenn man über die Zukunft spricht. Oft steht dann eine Zeitangabe *(morgen, nächste Woche, in einem Jahr …)* im Satz.**

Das Verb *werden*

– als normales Verb

Abends **wird** es kälter.
Das Kind **ist** ziemlich groß **geworden**.

> **Als normales Verb beschreibt *werden* eine Veränderung.**

– als Hilfsverb – Passiv

In Bussen und Bahnen **werden** die Fahrgäste oft **kontrolliert**.
Die Autobahn **ist** letztes Jahr **gebaut worden**.

– als Hilfsverb – Futur

Rainer und Annett **werden** viele Kinder **haben**.
Herr Phan **wird** viel Geld **verdienen**.

Alphabetische Wortliste

Die alphabetische Wortliste enthält den Wortschatz von Lektion 1 bis 12 des Kursbuchs. Zahlen, grammatische Begriffe sowie Namen von Personen, Städten und Ländern sind in der Liste nicht enthalten. Wörter, die **normal** gedruckt sind, gehören zum Zertifikatswortschatz. Diese Wörter müssen Sie auf jeden Fall lernen.

Die Zahlen geben an, wo die Wörter zum ersten Mal vorkommen (z. B. 2/B3.4 bedeutet Lektion 2, Block B3, Übung 4).

Ein · oder ein – unter dem Wort zeigt den Wortakzent:
a̧ = kurzer Vokal
a̲ = langer Vokal

Nach den Nomen finden Sie immer den Artikel und die Pluralform:
"   = Umlaut im Plural
*   = es gibt dieses Wort
          nur im Singular
,   = es gibt auch keinen
          Artikel
Pl.   = es gibt dieses Wort
          nur im Plural

Abkürzungen:
Abk.   = Abkürzung
Akk.   = Akkusativ
Dat.   = Dativ
etw.   = etwas
jdm   = jemandem
jdn   = jemanden
Kurzf. = Kurzform

A

Abendkurs, der, -e 4/D3
Abenteuer, das, - 7/A3
Abenteuerurlaub, der, -e 7/A3
Abfall, der, "-e 11/B1
Abfallkalender, der, - 11/B1
Abfüllanlage, die, -n 8/A3
Abgabe, die, -n 4/A1
Abgas, das, -e 9/C1
abgeben, gab ab, abgegeben 8/B1a
abgehen, ging ab, abgegangen 8/B2
Abgeordnete, der/die, -n/-n 11/B1
ablehnen 4/klar5
abnehmen, abgenommen 10/A2b
Abrechnung, die, -en 4/B
abschaffen 11/C1
Absicht, die, -en 2/C1c
Abwehrkraft, die, "-e 10/klar5
abzahlen 8/D2
Abzug, der, "-e 4/B2
Aktion, die, -en 6/B1a
aktuell 3/D4a
allein erziehen erzog allein, allein erzogen 1/B1.1
Alleinerziehende, der/die, -n/-n 1/B1
allerdings 3/B1
Alliierte, der, -n, (hier: Pl.) 6/B1a
alltäglich 10/D1a
Altenheim, das, -e 11/D2.1c
Altenpfleger/in, der/die, -/-nen 4/D1
alternativ 9/E1
Altersgründe Pl. 8/B1a
Altersgruppe, die, -n 3/klar5a
Altstadt, die, * 3/D6
Aluminium, das, * 9/E4
Ambulanz, die, -en 10/A1a
Amtssitz, der, -e 11/A1a
anfahren, fuhr an, angefahren 10/B1
Anfänger/in, der/die, -/-nen 12/klar4
Anfrage, die, -n 7/B
angeben (2), gab an, angeben 2/C1a
angenehm 9/A3c
ankommen (2) (+ auf), kam an, angekommen 10/B3a
ankommen (3), etw. kommt/kam bei jdm gut/schlecht an, angekommen 11/B1
Anlage (2), die, -n 8/A3
anpassen (+ sich) 2/B1a
anregen 10/D1a
anschauen 2/D1
anschließend 1/E1
Ansprechpartner/in, der/die, -/-nen 8/D3
anstatt 2/D4
anstecken 10/A3
anstellen hier: Vermutungen anstellen 1/C1b
Anteil, der, -e 9/E4
Antwortkarte, die, -n 11/B1
Appartement, das, -s 7/B1
Arbeiterbewegung, die, -en 11/A3
Arbeitsalltag, der, * 4/C1
Arbeitsgruppe, die, -n 11/B1
Arbeitslosengeld, das, * 8/C1

Arbeitslosenversicherung, die, * 4/A1

Arbeitslosigkeit, die, *
11/A4a

Arbeitsmarkt, der, "-e 4/C1

Arbeitstag, der, -e 5/A3

Arbeitswelt, die, * 4

Arbeitszimmer, das, - 3/klar3

Aspekt, der, -e 6/C1a

Atomenergie, die, * 9/E1

attraktiv 2/A5

Aufenthaltsberechtigung,
die, -en 1/E1

Aufenthaltserlaubnis, die, -se
1/E1

Aufführung, die, -en 8/A3

Aufgabenteilung, die, -en 3/E

aufgeben, gab auf, aufgegeben 1/A1

aufmerksam 2/B1a

Aufmerksamkeit, die, *
11/D2.2a

aufpumpen 7/C2a

aufregen 5/klar1

aufstellen 11/D1.1

*aufwachsen, wuchs auf, auf-
gewachsen* 1/B2.3

aufwecken 10/C2

ausdrücken 2/C1c

Ausfall, der, "-e 1/D2

*auskennen (+ sich), kannte
aus, ausgekannt* 4/D3

Ausländerbeirat, der, "-e
11/B1

Ausländerintegration, die, *
11/B1

Auslandsreise, die, -n 1/D5a

ausprobieren 1/B1.1

ausruhen (+ sich) 9/B2

ausschalten 9/E6

Aussehen, das, * 2/A6

außen 10/D1a

*Außenministerium, das,
-ministerien* 11/B1

außer 9/C1

außerhalb 3/B1

Ausstellung, die, -en 6/C1a

*Auswahl, die, ** 6/C1a

Ausweiskopie, die, -n 8/D3

auszahlen 4/B1

Autoabgase, die, *Pl.* 9/E1

Autobahn, die, -en 1/klar3

Autocheck, der, -s 7/A7a

Autoschlüssel, der, - 2/klar3

B

Bach, der, "-e 9/A1a

Badesachen, die, *Pl.* 7/A7a

Bahnhofsdurchsage, die, -n
7/E2

*Bananensenf, der, *** 8/A3

Banker, der, - 5/B1

Bankkredit, der, -e 8/D

Banktresor, der, -e 5/B1

Bart, der, "-e 2/A5

Barthaar, das, -e 5/B1

*Basis, die, *** 4/A1

Bauernhof, der, "-e 9/A1a

Baumarkt, der, "-e 9/A1a

Bausparvertrag, der, "-e, 4/B1

Beamte/Beamtin, der/die,
-n/-nen 8/A2a

bearbeiten 8/D3

bedienen 8/B6

*befinden (+ sich), befand,
befunden* 7/B1

befürchten 11/C2

begeistert 11/B1

begründen 12/B1

begrüßen 6/C1a

behandeln 10/B1

Behördenbesuch, der, -e
8/A2b

Beirat, der, "-e 11/B1

beitreten, trat bei, beigetreten
11/C1

Beitritt, der, -e 11/C1

beklagen (+ sich) 3/B1

Benzinpreis, der, -e 11/B1

beraten, beriet, beraten 8/C1

Berechtigung, die, -en 1/E1

Bereich, der, -e 4/C1

beruflich 4/C1

Berufsbildung, die, * 4/C1

Berufsleben, das, * 3/A1b

Berufspraxis, die, * 4/klar2

Berufsverkehr, der, * 8/B6

berühmt 11/A3

Beschäftigungsform, die, -en
4/A

bescheiden 9/D3

besiegen 12/C1a

Besitzer/in, der/die, -/-nen
4/A1

*besprechen, besprach,
besprochen* 1/D2

bestehen (1), bestand,
bestanden 8/B6

bestehen (2) (+ aus), bestand,
bestanden 11/A1a

beteiligen 11/A3

betrachten 5/B1

Betrag, der, "-e 4/B1

Betreff, der, -s 7/B2b

Betreuung, die, -en 3/B1

Betreuungsmöglichkeit, die,
-en 3/B1

bevor 9/B2

bewegen (+ sich) 9/B2

bewilligen 8/D3

bezeichnen 3/A5

Beziehung, die, -en 6/A1

Bibliothek, die, -en 6/C1a

Bildauftrag, der, "-e 8/A3

Bildschirm, der, -e 5/B1

Bildungspolitik, die, * 11/A1a

Bildungsreise, die, -n 7/A3

Blech, das, -e 9/E1

Blinddarm, der, "-e 10/A3

Blind-Date, *das, -s* 5/B1

Blinker, der, - 7/C1

blitzschnell 5/B1

blond 2/A4

blühen 12/B2a

Blut, das, * 10/A2b

Boom, der, -s 11/B1

brechen, brach, gebrochen 10/B3a

breit 5/B1

Bremse, die, -n 7/C1

brutto 4/B1

Bruttogehalt, das, "-er 4/B1

Buchhalter/in, der/die, -/-nen 4/E1

Buchhaltung, die, -en 8/C2b

Buchhändler/in, der/die, -/-nen 1/A1

Bundesagentur für Arbeit, die, -en für Arbeit 2/klar1

Bundeskanzler, der, - 6/C1a

Bundeskanzleramt, das, * 11/A1a

Bundesminister/in, der/die, -/-nen 11/klar1

Bundespräsident, der, -en 11/A1a

Bundesrat, der, * 11/A1a

Bundesregierung, die, -en 11/A1a

Bundestag, der, * 11/A1a

Bundestagsabgeordnete, der/die, -n/-n 11/B1

Bundesverfassungsgericht, das, * 11/A1a

Bundesversammlung, die, * 11/A1a

Bündnis, das, -se 11/A3

Bürger/in, der/die, -/-nen 11/A3

Bürgeramt, das, "-er 8/C1

Bürgerinitiative, die, -n 11/A3

Bürgermeister/in, der/die, -/-nen 11/B1

Bürgermeisterkandidat/in, der/die, -en/-nen 11/D2.2a

Bürgermeisterwahl, die, -en 11/D2

Bushaltestelle, die, -n 2/A1b

C

Cafeteria, die, -s 10/A1a

Campingsachen, die, *Pl.* 7/A7a

Campingurlaub, der, -e 7/A3

Cartoon, der, (auch: das), -s 3/E1

Chat, der, -s 5/B1

chatten 5/B2a

Chirurg/in, der/die, -en/-nen 10/A2a

Chirurgie, die, * 10/A1a

christlich-demokratisch 11/A3

christlich-sozial 11/A3

Comeback, das, -s 2/E1

Computerarbeitsplatz, der, "-e 12/B3c

D

da (2) 8/D3

dahinter 9/A2

daneben 9/A2

dankbar 4/klar4

darauf 9/A3a

darum 3/C1

Daten, die, *Pl.* 6

Dauerauftrag, der, "-e 8/D2

dauernd 10/A4a

davor 9/A3a

decken, hier: den Tisch decken 7/D4

demnach 8/D1

Demonstration, die, -en 6/A1

der-/die-/dasselbe, dieselben 7/A5

deswegen 3/B1

deutlich 3/klar4

Deutschlerner/in, der/die, -/-nen 1/B2.4

d.h. = das heißt 4/A1

Diktatur, die, -en 6/A2

Direktor/in, der/die, -en/-nen 6/B4

Diskussion, die, -en 11/B1

Dokument, das, -e 8/A2a

Dozent/in, der/die, -en/-nen 4/A1

Dreisatz, der, * 1/B2.5

Dreisatzspiel, das -e 1/B2.5

Droge, die, -n 10/D1a

Drogenkonsum, der, * 10/D1a

Drogensucht, die, * 10/D1a

drogensüchtig 10/D1a

Duell, das, -e 6/C3

Durchsage, die, -n 7/E2

Durchschnitt, der, meist Sing. 1/klar1

Durchwahl, die, -en 8/D3

E

Ehe, die, -n 3/B1

ehemalig 11/B1

Ehepaar, das, -e 3/B1

Ehescheidung, die, -en 3/B1

ehrlich 3/B1

eignen 4/C1

Einelternfamilie, die, -n 1/B1.1

Einfamilienhaus, das, "-er 9/A1a

Einfluss, der, "-e 3/A1a

Eingang, der, "-e 10/A1a

einigen (+ sich) 4/klar5

Einkaufszentrum, das, -zentren 9/A1a

Einkommensgrenze, die, -n 1/E1

einleiten 3/A5

Einleitung, die, -en 7/klar2b

einmarschieren 6/A2

Einreise, die, * 11/C4

einschließlich 6/C1a

einsteigen, stieg ein, eingestiegen 4/D6

einteilen 4/A3

Einteilung, die, -en 4/A3

Einwanderer/in, der/die, -/-nen 8/A2a

Einwandererservice, der, * 8/A2a

Eisenbahn, die, -en 6/C1a

Eisenbahn-Salonwagen, der, * 6/C1a

elegant 9/D3

Elektrogerät, das, -e 9/E1

Elektroherd, der, -e 5/A2

Elternabend, der, -e 1/D

Elternzeit, die, -en 1/E1

Elternsprecher/in, der/die, -/-nen 1/D2

empfehlen, empfahl, empfohlen 6/C1b

enden 1/klar6

Energie, die, -n 9/E1

Energiereserven, *Pl.* 9/E1

eng 11/A3

entstehen, entstand, entstanden 4/C1

entweder 10/D1a

Entwicklung, die, -en 6/C1a

Entzündung, die, -en 10/A3

erarbeiten 11/B1

Erde, die, * 3/klar4

Ereignis, das, -se 6/A2

erfahren, erfuhr, erfahren 4/D1

erfolglos 2/D3

ergreifen, ergriff, ergriffen 2/B1a

erhalten, erhielt, erhalten 1/E1

erholen (+ sich) 9/B2

Erholung, die, * 6/C1a

Erlaubnis, die, -se 1/E1

erleben 1/B1.1

Ernährung, die, -en 10/E2

ernennen, ernannte, ernannt 11/A1a

Eröffnung, die, -en 6/C1a

erreichen 2/B1a

Ersatzteil, das, -e 7/A7a

erschrecken, erschrak, erschrocken 5/B1

ersetzen 6/A2

erstaunlich 3/D3

erwachsen 9/C1

Erwachsenenbildung, die, * 11/D2.1a

erziehen, erzog, erzogen 3/B1

Erziehungsgeld, das, * 1/E

EU = **Europäische Union,** die 11/C1

EU-Beitritt, der, -e 11/C4

EU-Bürger/in, der/die, -/-nen 11/D1.3

Europapolitik, die, * 11/A4a

Eurozone, die, * 11/C1

EU-Staat, der, -en 11/C1

evangelisch 4/B1

Ex-Frau, die, -en 3/B1

Existenz, die, * 8/A3

Existenzgründer/in, der/die, -/-nen 8/C1

Existenzgründung, die, -en 8/B6

Experiment, das, -e 8/A3

extra 4/A1

Fachbereich, der, -e 8/C2b

Fahrbahn, die, -en 7/E2

Fahrradtour, die, -en 7/A7a

Fahrspur, die, -en 7/E2

Fall (2), der, * 6/B1a

familiär 12/D1a

Familienbetrieb, der, -e 4/A1

Familienfeier, die, -n 3/D6

Familienfoto, das, -s 12/klar2

feige 9/D3

fein 5/B1

fein machen (+ sich) 5/B1

Feld (2), das, -er 5/B1

Feldmaus, die, "-e 5/B1

Ferienappartement, das, -s 7/B2a

Ferienkatalog, der, -e 7/B2a

Ferienwohnung, die, -en 7/klar2a

Ferne, die, * 6/C3

Fernsehen, das, * 7/A6

Festanstellung, die, -en 4/A2

feststellen 8/D3

Fett, das, -e 10/E2

Figur (2), die, * 2/A5

Filialleiter/in, der/die, -/-nen 6/B4

Filter, der, - 9/E1

Filteranlage, die, -n 9/E1

Finale, das, * 2/E1

Finanzamt, das, "-er 8/C1

finanziell 3/B1

Fitness, die, * 2/A5

Fitness-Center, das, - 10/E1

Fitnessstudio, das, -s 2/A5

Fleischtag, der, -e 10/E1

Flugreise, die, -n 7/A7a

Flüssigkeitskarton, der, -s 9/E4

Folge, die, -n 11/B1

folgende 5/A2

*Folklore, die, * * 12/klar4a

*Folkloremusik, die, * * 12/klar4

fordern 6/A1

fördern 11/B1

fortbilden (+ sich) 4/E1

fortgehen, ging fort, fortgegangen 1/B1.1

Fortgeschrittene, der/die, -n/-n 12/klar4

fortschrittlich 11/D2.1b

Frauenbeauftragte, die, -n 3/A1b

*Frauensache, die, * * 3/A1a

freiberuflich 4/A1

Freizeitaktivität, die, -en 7/A3

Freizeitmöglichkeit, die, -en 9/C1

fressen, fraß, gefressen 5/B1

Frieden, der, * 11/A4a

friedlich 9/A3c

Frucht, die, "-e 10/klar5

Fruchtsaft, der, "-e 10/klar5

führen 8/A3

Führer/in, der/die, -/-nen 6/A1

Führung, die, -en 6/A1

füllen 7/D1

Funktion, die, -en 11/klar5a

füreinander 3/E2

Fußballspiel, das, -e 1/klar5

Fußgänger/in, der/die, -/-nen 5/C1

Fußgängerbrücke, die, -n 11/klar4

G

Gans, die, "-e 9/D1

Gaspedal, das, -e 7/C1

Gastfamilie, die, -n 1/D5a

Gebirge, das, - 9/A1a

Geburt, die, -en 1/E1

*Geduld, die, * * 2/B1a

Gefahr, die, -en 9/E1

gefährlich 1/klar3

Gegensatz, der, "-e 3/A5

Gegenvorschlag, der, "-e 4/klar5

Gegenwart, die, * 12/B2a

Gehaltsabrechnung, die, -en 4/B

gehören (2) (+ zu) 6/C1a

Gelegenheit, die, -en 2/B1a

Gemeindefinanzen, Pl. 11/D2.1a

Gemeinderat, der, "-e 11/D1.3

gemeinsam 2/E2

Gemüsehändler/in, der/die, -/-nen 5/klar3

Genmanipulation, die, -en 12/C1a

gepflegt 2/A5

gerecht 3/E

Gericht (2), das, -e 6/A1

Geschäftsidee, die, -n 8/A

geschehen, geschah, geschehen 5/B1

Gesellschaft, die, -en 11/A3

Gesicht, das, -er 2/A4

Gesprächspartner/in, der/die, -/-nen 2/B1a

Gesundheitsamt, das, "-er 8/C1

Getränkekarton, der, -s 9/E4

*Getreide, das, * * 10/klar5

Getreideprodukt, das, -e 10/klar5

---

gewaltig 12/C1a

Gewerbeanmeldung, die, -en 8/C2b

Gewerbegebiet, das, -e 9/A1a

Gewerkschaft, die, -en 6/A2

Gewinner/in, der/die, -/-nen 2/E1

giftig 9/E1

Gleichberechtigung, die, * 3/A1a

gleichzeitig 3/B1

glücklich 1/C1b

Glühbirne, die, -n 5/A1b

Grenzkontrolle, die, -n 11/C1

Grenzübergang, der, "-e 11/klar4

Großfamilie, die, -n 12/B3a

*Grundgesetz, das, * * 11/A1a

Grundkenntnis, die, -se 4/E1

Gründungsmitglied, das, -er 11/C1

Gruppenreise, die, -n 7/A3

gültig 11/A1b

Gymnastikübung, die, -en 10/E1

*Gynäkologie, die, * * 10/A1a

H

Hafen, der, "- 9/A1a

*Haft, die, * * 6/A1

Haftstrafe, die, -n 6/A1

halten (2) (+ sich) (+ an), hielt, gehalten 1/klar1

Haltestelle, die, -n 2/A1b

Händler/in, der/die, -/-nen 5/klar3

Handverletzung, die, -en 10/A4a

harmonisch 9/A3c

*Haschisch, das, * * 10/D1a

Hase, der, -n 9/D1

hassen 3/D1

Haupteingang, der, "-e 10/A1a

Hauptphase, die, -n 3/klar4

Hauptstadtbesuch, der, -e 11/B1

Haustier, das, -e 9/D5

Hebamme, die, -n 10/A2a

Heimatland, das, "-er 1/klar1

Heiratsalter, das, * 3/B1

heizen 5/A1b

Heroin, das, * 10/D1a

herrschen 6/A2

herschauen 5/B1

herstellen 8/A3

Herz, das, -en 2/klar2

Herzinfarkt, der, -e 10/A3

hiermit 8/D3

Hinweis, der, -e 2/E1

höchstens 4/A1

hoffentlich 1/D2

Höhepunkt, der, -e 6/A1

Honorar, das, -e 4/A1

Hort, der, -e 3/klar5a

Hortplatz, der, "-e 3/klar5b

Hotelportier, der, -s 4/C6

Hügel, der, - 9/A1a

I

ideal 5/B1

Identität, die, -en 7/A5

ignorieren 2/D1

illegal 10/D1a

in sein, in gewesen 11/B1

indirekt 8/B3

individuell 8/A3

Industrieabgase Pl. 9/E1

Industrie- und Handels-
kammer (IHK), die, -n 8/C1

Infektion, die, -en 12/B3a

Infektionskrankheit, die, -en 12/B3a

Informatiker/in, der/die, -/ -nen 1/A1

Informationsheft, das, -e 8/C2b

Informationszentrum, das, -zentren 6/C1a

Initiative, die, -n 2/B1a

Innenstadt, die, "-e 5/C1

Innere Medizin, die * 10/A1a

innerhalb 3/D6

Insel, die, -n 7/A1

Integration, die, * 11/B1

intensiv 3/B1

Internetanschluss, der, "-e 5/B1

Internetcafé, das, -s 5/B1

Internetforum, das, -foren 1/B1.1

Inventar, das, * 8/D1

inzwischen 9/B4b

J

jahrelang 6/A1

Jahrhundert, das, -e 6/C1a

jährig, hier: fünfjährig 3/B

je ... desto 10/D1a

jeweils 2/E1

Jodellied, das, -er 12/klar4

jodeln 12/klar4

Jodelschule, die, -n 12/klar4

Jugend, die, * 5/C3

Jugendherberge, die, -n 1/D5a

jugendlich 2/A6

Jugendzentrum, das, -zentren 11/D1.1

Jury, die, -s 2/E1

K

Kampagne, die, -n 11/D2.1

Kampf, der, "-e 3/C3b

kämpfen 3/A4

Kandidat/in, der/die, -en/ -nen 2/E1

kandidieren 11/D1.3

Kapital, das, * 8/A3

Karrieremöglichkeit, die, -en 3/A1b

Kartenreservierung, die, -en 2/E1

Karton, der, -s 9/E4

Kaution, die, -en 8/D1

keiner, keine, keins 11/D2.2a

Kinderbetreuung, die, * 3/klar5a

Kindererziehung, die, * 1/B1.3

Kinderklinik, die, -en 10/A1a

Kinderkrankenschwester, die, -n 10/A2a

Kioskbesitzer/in, der/die, -/-nen 4/A1

Kirchensteuer, die, -n 4/B1

klagen 8/A3

Klassenfahrt, die, -en 1/D1

kleben 8/A3

Kleinfamilie, die, -n 12/B3a

Kleingarten, der, "- 6/C1a

klicken 6/A1

Klima, das, * 9/E1

Klinik, die, -en 10/A1a

klonen 12/B3a

knüpfen, hier: Kontakte knüpfen 8/A3

Kochservice, der, * 8/A4

Kochtopf, der, "-e 2/C3

Kofferraum, der, "-e 7/C1

Kohle, die, -n 5/A1b

Kohleherd, der, -e 5/A1b

komfortabel 7/klar2a

Kommission, die, -en 11/C1

*Kommunalpolitik, die, ** 11/D1

Kommunalwahl, die, -en 11/D1.3

Kommune, die, -n 3/A1b

kommunistisch 6/A1

kompetent 4/C1

Kompetenz, die, -en 4/C1

Kompliment, das, -e 3/B1

Komposition, die, -en 8/A3

Konflikt, der, -e 2/B1a

König/in, der/die, -e/-nen 11/A2

konservativ 11/A3

Konsum, der, * 10/D1a

Kontaktanzeige, die, -n 2/klar4a

Kontaktstelle, die, -n 1/B1.1

konzentrieren (+ sich) 2/B1a

Kopfschmerzen *Pl.* 10/D1a

Kopie, die, -n 8/D1

Kosten *Pl.* 8/B2

Kraft (1), die, *hier: Pl.* (Arbeits)kräfte 8/A3

Kraft (2), die, "-e 10/E1

kräftig 2/A6

*Krafttraining, das, ** 10/E1

Krankenpflegeschule, die, -n 10/A1a

Krankenversicherung, die, -en 4/A1

Krankenwagen, der, - 10/klar2a

Krankheitstag, der, -e 4/B2

*Kreativität, die, ** 8/A3

*Krebs, der, ** 10/E1

Kreditangebot, das, -e 8/D1

Kreditantrag, der, "-e 8/D3

Kreißsaal, der, -säle 10/A2a

Kreuz, das, -e 11/D2.2a

Kriminalität, die, * 11/A4a

Krippe, die, -n 3/klar5a

kritisch 11/C3

*Küchenpersonal, das, ** 8/C1

Kulturangebot, das, -e 9/C2a

*Kulturpolitik, die, ** 11/A1a

*Kundenstamm, der, ** 8/B6

Kündigung, die, -en 3/B1

Kündigungsschutz, der, * 3/B1

Kunst, die, * 6/C1a

Kunststoff, der, -e 9/E4

Kupplung, die, -en 7/C1

L

Labor, das, -s 10/A1a

lächeln 10/klar5

Lage, die, -n 7/B1

*Landeskunde, die, ** 1/D5a

Landesregierung, die, -en 11/A1a

Landkarte, die, -n 7/A7a

*Landleben, das, ** 9/B1b

Landschaft, die, -en 9/A3c

Lärm, der, * 9/C1

Lauf, der, hier: im Laufe 12/D2a

laufen (2), gut/schlecht laufen, lief, gelaufen 12/A

Lebensbedingung, die, -en 6/C1a

Lebenserwartung, die, -en 10/E1

lebenslänglich 6/A1

Lebensqualität, die, * 10/E1

Lebensversicherung, die, -en 4/B1

legal 10/D1a

Lehrbuch, das, "-er 7/A6

Lehrgang, der, "-e 4/C1

Leistung, die, -en 4/B1

Lenkrad, das, "-er 7/C1

Lesung, die, -en 6/C1a

liberal 11/A3

Liebling, der, -e 2/E1

Loch, das, "-er 5/B1

Lohnsteuer, die, -n 4/A1

Lohnsteuerkarte, die, -n 4/A1

lösen 2/B1a

Luft, die, * 9/B2

M

Macht, die, * 3/A1a

*Mars, der, ** 12/C1c

Maske, die, -n 8/A3

*Mauerbau, der, ** 6/A1

*Mauerfall, der, ** 6/B1b

Maus (2), die, "-e 5/B1

Mauseloch, das, "-er 5/B1

Mäuserich, der, -e 5/B1

maximal 1/E1

Mediathek, die, -en 6/C1a

Medizin, die, * 10/A1a

medizinisch-technische Assistentin (MTA), die, -nen 10/A2a

Mehrheit, die, (*meistens*) * 3/D5

mehrmals 6/B5

Meister, der, *hier:* Deutscher Meister 6/klar3

Meldung, die, -en 7/E2

Mietwohnung, die, -en 5/A3

Milchverpackung, die, -en 9/E4

Militär, das, * 6/A2

Militärdiktatur, die, -en 6/A2

Minderheit, die, -en 11/A3

Minijob, der, -s 4/A1

Minister/in, der/die, -/-nen 11/A1a

Ministerium, das, -ien 11/B1

mitarbeiten, 11/klar2

Mitbürger/in, der/die, -/-nen 11/D2.2a

miteinander 3/E2

mitfahren, fuhr mit, mitgefahren 1/D2

Mitfahrer/in, der/die, -/-nen 11/B1

mitlesen, las mit, mitgelesen 3/A4

Mitte, die, * 2/A3

Mittelstufe, die, * 12/D3b

mobilisieren 10/klar5

modisch 2/A6

möglicherweise 1/C1c

möglichst 12/D2a

monatlich 1/E1

Mondfinsternis die, -se 3/klar4

Mondstation, die, -en 12/C1a

Motor, der, -en 7/C1

Motorhaube, die, -n 7/C1

mündlich 3/D6

Museumscafé, das, -s 6/C1a

Museumsgarten, der, "- 6/C1a

Museumsshop, der, -s 6/C1a

Muskel, der, -n 10/E1

muskulös 2/A6

Mut, der, * 1/B1.1

mutig 9/D3

Mutterschaftsgeld, das, * 1/E1

Mutterschutz, der, * 1/E1

N

nach Christus (n. Chr.) 6/C1a

nach und nach 9/C1

Nachbarschaft, die, * 9/B2

nachdem 6/A1

Nachfolger/in, der/die, -/-nen 8/B2

nachher, auch: nachher 10/B3a

Nachhilfeunterricht, der, -e 4/E1

Nachkriegszeit, die, * 6/C1a

Nachmittagsbetreuung, die, * 3/klar5a

nachreichen 8/D3

nachschauen 6/A1

Nachtarbeit, die, * 4/C6

Nahverkehr, der, * 11/D1.2a

Narbe, die, -n 10/A4a

national 6/A2

Naturkatastrophe, die, -n 9/E1

Nazi-Zeit, die, * 6/A1

neidisch 2/C2b

netto 4/B1

Nettogehalt, das, "-er 4/B1

Netzwerk, das, -e 8/A3

neugierig 9/D3

Neurologie, die, * 10/A1a

Nichte, die, -n 3/D7

niedrig 8/D1

Note, die, -n 1/D1

nützlich 9/D3

O

obwohl 3/A4

Ofen, der, "- 5/A1b

Ökologie, die, * 11/A3

Öl, das, -e 7/D1

Oper, die, -n 2/C1a

Operationssaal, der, -säle 10/A2a

Oppositionelle, der/die, -n/-n 11/B1

Optimismus, der, * 12/C1a

optimistisch 3/B1

Orientierung, die, -en 4/C1

Orthopädie, die, * 10/A1a

Ortsverband, "-e 1/B1.1

östlich 11/C4

P

paddeln 9/A3b

Panne, die, -n 7/E1

Papiermüll, der, * 9/E5

Parkplatz, der, "-e 10/A1a

Parlament, das, -e 11/A1a

Partei, die, -en 6/B1a

parteilos 11/D2.1b

Partnerschaft, die, -en 3/klar1

Pedal, das, -e 7/C1

pessimistisch 12/A3b

Pfarrer/in, der/die, -/-nen 11/B1

Pferd, das, -e 5/klar3

Pferdewagen, der, - 5/C1

Pflegeversicherung, die, * 4/A1

Phantasie, die, * 8/A3

Phase, die, -n 8/B6

Platzwunde, die, -n 10/B3a

Polizeinotruf, der, -e 10/klar2b

Portier, der, -s 4/C6

positiv, auch: positiv 1/klar3

Praktikum, das, *Pl.:* Praktika 4/C1

präsentieren 6/C1a

Präsident/in, der/die, -en/ -nen 11/A2

pro 4/A1

problemlos 10/A4a

Produkt, das, -e 8/A3

Prognose, die, -n 12/A3a

Protestaktion, die, -en 6/B1a

Protestbrief, der, -e 1/D2

protestieren 3/B1a

Protokoll, das, -e 10/klar2a

Prozentangabe, die, -n 3/D2

Prozess, der, -e 6/A1

prüfen 7/C2a

Pünktlichkeit, die, * 2/B1b

Puppe, die, -n 8/A3

Puppenbühne, die, -n 8/A3

Puppenspieler/in, der/die, -/ -nen 8/A3

Putzhilfe, die, -n 3/D1

R

Rad, das, "-er 7/C1

Radtour, die, -en 7/A4

Ratgeber, der, - 8/B6

Reaktion, die, -en 3/B2

real 4/D2

Rechenübung, die, -en 10/klar5

Rechtsanwalt/Rechtsanwältin, der/die, "-e/-nen 8/A2a

recyceln 9/E4

Referat, das, -e 6/C1b

Referenz, die, -en 8/D3

Reform, die, -en 6/A1

Regensachen, die, Pl. 7/A7a

Regierungspartei, die, -en 11/A3

reglementieren 11/A3

Reichstag, der, * 11/A1a

Reisefreiheit, die, * 6/B1a

Reiseführer, der, - 7/A7a

reisen 1/D5a

Reiseziel, das, -e 7/A8

rennen, rannte, gerannt 6/B5

renovieren 11/D2.1c

Rentenversicherung, die, -en 4/A1

repräsentativ 11/A1a

repräsentieren 11/A1b

Reserve, die, -n 9/E1

riesengroß 5/B1

Risiko, das, Pl.: Risiken 10/D1a

Roboter, der, - 12/B3a

roh 10/klar5

Rolle, die, -n 11/C5

romantisch 9/A3c

Röntgenaufnahme, die, -n 10/B3a

rufen, rief, gerufen 5/B1

ruhen 10/E1

Ruhrpott, der, * 2/E1

rund (2) 1/B1.1

rund um 7/A7a

Rundreise, die, -n 7/A3

S

Saal, der, Pl.: Säle 10/A2a

Satzanfang, der, "-e 1/B2.5a

schaden 10/klar5

Schaden, der, "- 9/E1

Schaf, das, -e 9/D1

Schatten, der, - 3/klar4

Scheibenwischer, der, - 7/C1

scheiden (+ sich + lassen), sich scheiden lassen 3/C3a

Scheidung, die, -en 3/B1

scheinen (2), schien, geschienen 2/A3

Scheinwerfer, der, - 7/C1

scheu 9/D3

scheuern 3/D1

Scheune, die, -n 9/A1a

Schichtarbeit, die, * 3/B1

Schichtdienst, der, -e 4/A1

schick 2/A2

Schiff, das, -e 9/A1a

Schlaganfall, der, "-e 10/A3

schlagen, schlug, geschlagen 1/B2.3

schlank 2/A6

schließen (2), hier: einen Vertrag schließen, schloss, geschlossen 6/A1

schlimm 9/C1

Schloss, das, "-er 11/A1a

schräg 10/A1a

schriftlich 5/B3b

Schritt, der, -e 1/B1.1

Schulalter, das, * 3/klar5a

Schulanfänger/in, der/die, -/-nen 11/B1

Schulbehörde, die, -n 1/D2

schuld sein, schuld gewesen 10/D1a

Schulklasse, die, -n 2/klar3

Schullandheim, das, -e 1/D5a

Schulschluss, der, * 8/B6

Schutz, der, * 3/B1

Schwanz, der, "-e 5/B1

seitdem 9/B2

Seitenspiegel, der, - 7/C1

Selbstbewusstsein, das, * 3/B1

Seminar, das, -e 8/C1

Senf, der, -e 8/A3

Senfsalon, der, -s 8/A3

Senfsorte, die, -n 8/A3

setzen, hier: Grenzen setzen 1/B2.3

Sicherheit, die, -en 4/A3

Sicherheitsgurt, der, -e 7/C1

sicherlich 5/B1

siebziger Jahre 11/klar4

Siedlung, die, -en 9/C1

Sitz, der, * 6/A1

Sitzung, die, -en 11/A1a

skeptisch 11/C2

Sketch, der, -e 12/klar4

so dass 4/C1

solange 9/C1

Solidarzuschlag, der, "-e 4/B1

Sommerzeit, die, * 9/klar3

Sonderform, die, -en 5/B3b

Sonderurlaub, der, * 1/E1

Song, der, -s 2/E1

sonnig 3/A6

sorgen (+ für) 9/E1

Sortiment, das, -e 6/C1a

sowohl 10/D1a

Sozialabgabe, die, -n 4/A1

sozialdemokratisch 11/A3

Sozialismus, der, * 11/A3

sozialistisch 11/D2.1b

Sozialversicherung, die, -en 4/A1

sperren 7/E2

speziell 8/A2a

Spielgerät, das, -e 6/C1a

Spionage, die, * 6/C3

Spitzenposition, die, -en 3/A4

Sportanlage, die, -en 11/D1.2a

sportlich 2/A5

Sportangebot, das, -e 11/D2.1a

Sporttasche, die, -n 2/A2

Sportverein, der, -e 9/C1

Sprachkurs, der, -e 4/C1

Sprachproblem, das, -e 11/B1

Sprachschule, die, -n 9/B4c

Sprecher/in, der/die, -/-nen 3/A3

Spritze, die, -n 10/A2b

Staatsangehörigkeit, die, -en 1/E1

Staatsbürger/in, der/die, -/-nen 11/A1a

Staatspartei, die, -en 11/A3

Städter, der, - 9/C1

Städtereise, die, -n 1/D5a

Stadtgeschichte, die, * 6/C5

Stadtmauer, die, -n 3/D6

Stadtmaus, die, "-e 5/B1

Stadtrat, der, "-e 11/D1.3

Stadtverwaltung, die, -en 8/D1

Stadtviertel, das, - 3/A6

Stall, der, "-e 9/A1a

Star, der, -s 2/E

Start, der, -s 8

Station, die, -en 10/A2a

statt 2/D4

Staub, der, * 3/D1

Stelle (2), die, *hier:* an zweiter Stelle 9/E4

Steuer, die, -n 4/A1

Steuererklärung, die, -en 8/C1

Steuerklasse, die, -n 4/B1

Stichpunkt, der, -e 1/A3

still 2/klar4a

Stoßzeit, die, -en 8/B6

Strafe, die, -n 6/A1

Straßenkarte, die, -n 7/A7a

Straßenverkehr, der, * 8/klar3

Strecke, die, -n 11/B1

Streik, der, -s 6/C1b

streiken 6/A2

stricken 3/E2

Studentenprotest, der, -e 6/A1

Studienfahrt, die, -en 11/B1

Stufe, die, -n 12/D2a

Stundenausfall, der, "-e 1/D2

Sucht, die, * 10/D1a

süchtig 10/D1b

Suchtmittel, das, - 10/D1a

südlich 9/B2

Sympathie, die, -n 2

T

tagen 11/A1a

Tal, das, "-er 9/A1a

Talent, das, -e 2/E1

Talentwettbewerb, der, -e 2/E1

Tank, der, -s 7/C1

Tanzkurs, der, -e 4/E2

tätig 4/A1

technisch 12/B2a

Teil, der, -e 3/klar4

Teil (2), das, -e 5/B1

Teilzeitkurs, der, -e 4/C1

Telekommunikation, die, * 4/C1

Tennisplatz, der, "-e 2/klar1b

Textabschnitt, der, -e 3/B1

theoretisch 11/B1

Tick, der, -s 10/E1

Tiger, der, - 9/D1

Titel, der, - 12/B2a

Todesurteil, das, -e 6/A1

Tonne (2), die, -n 9/E4

Toto, das, * 8/B1b

Tournee, die, -n 8/A3

trainieren 2/klar1b

Training, das, * 10/E1

Traktor, der, -en 9/A1a

trauen (+ sich) 8/A3

treiben, hier: Sport *treiben, trieb, getrieben* 4/E1

Tresor, der, -e 5/B1

treu 9/D3

U

üben 12/D1a

übereinstimmen 11/A1a

überleben 6/A1

überlegen 2/E2

übermorgen 12/klar2

übernachten 3/B1

Übernachtung, die, -en 7/klar2a

übernehmen, übernahm, übernommen 8/B6

überraschen 3/D3

überzeugen 11/C2

Ufer, das, - 9/A1a

um (2), *Adv. + Zahl = ungefähr* 3/B1

um ... herum 9/C1

Umgang, der, * 8/A2a

Umleitung, die, -en 7/E2

Umsatz, der, "-e 8/B1a

Umschulung, die, -en 4/C1

Umwelt, die, * 8/C1

Umweltproblem, das, -e 9/E1

Umweltschutz, der, * 9/E

Unabhängigkeit, die, * 4/A3

unbegrenzt 9/E1

unbekannt 4/C6

Unfallzeuge/-zeugin, der/die, -n/-nen 10/B2

ungerecht 1/D2

unglaublich 3/A1a

ungünstig 4/A1

Union, die, * 11/A3

Universität, die, -en 6/A1

unkompliziert 3/B1

unmöglich, *auch:* unmöglich 1/klar4

unsicher 4/E1

Unsicherheit, die, -en 12/D2a

unsympathisch 2/A

unterbrechen, unterbrach, unterbrochen 2/B1a

unterhaltsam 11/B1

Unternehmen, das, - 8/A3

unterschreiben, unterschrieb, unterschrieben 6/klar1

Unterschrift, die, -en 7/B2b

untersuchen 8/C1

Untersuchung, die, -en 10/A3

Unterwasserstadt, die, "-e 12/C1a

Urlaubsart, die, -en 7/A3

Urlaubsort, der, -e 6/klar2

Urlaubsplanung, die, -en 7/A7

Urlaubsziel, das, -e 7A

Urteil, das, -e 6/A1

V

vegetarisch 10/E1

verabreden (+ sich) 5/B1

Verabredung, die, -en 5/B4

Veranstaltungshinweis, der, -e 2/E1

verantwortlich 3/A4

Verantwortung, die, * 11/A3

verarbeiten 10/D1a

Verband, der, "-e 1/B1.1

verbessern 1/D5a

verbrauchen 9/E1

Vereinigung, die, -en 6/B1a

Verfügung, die, * 6/C1a

Vergangenheit, die, * 5/klar4

verheilen 10/A4a

verhindern 11/C4

Verkehrskontrolle, die, -n 11/D2.1c

Verkehrslärm, der, * 9/C1

Verkehrsmeldung, die, -en 7/E2

Verkehrsunfall, der, "-e 10/B1

verlassen (2) (+ sich) (+ auf), verließ, verlassen 3/D4a

verletzen 10/B1

vermögenswirksam 4/B1

vermuten 1/A1

Verpackungsmüll, der, * 9/E4

verpflichten 3/B1

verschmutzen 9/E1

verschwinden, verschwand, verschwunden 12/D2a

versichern 4/A1

Versicherung, die, -en 4/A1

Verspätung, die, -en 4/C5

versuchen 1/B2.3

verteilen 8/B6

Vertrag, der, "-e 4/A1

Vertrauen, das, * 10/D1a

vertreten, vertrat, vertreten 1/B1.1

Vertreter/in, der/die, -/-nen 11/A1a

verwenden 7/D5

verwerten 9/E4

verzichten 3/D1

Viertel (2), das, - 3/A6

Vision, die, -en 12/C1

Volk, das, "-er 11/A2

voll packen 7/D1

Vollzeitkurs, der, -e 4/C1

vorbeigehen, ging vorbei, vorbeigegangen 10/A1a

vorbeikommen, kam vorbei, vorbeigekommen 8/B2

Vorbild, das, -er 10/D1a

Vorschrift, die, -en 8/A2a

W

wahlberechtigt 11/D1.3

wählen 6/B1a

Wähler/in, der/die, -/-nen 11/D2.2a

Wahlkampagne, die, -n 11/D2.1

Wahlkampf, der, "-e 11/D2.1a

während (1) *Präposition* 3/B1

während (2) *Konjunktion* 9/B2

wahrscheinlich 1/C1c

Währung, die, -en 6/A2

Wanderweg, der, -e 9/A1a

warnen 10/D2a

Wäscherei, die, -en 10/A1a

Webdesigner/in, der/die, -/
-nen 1/A1

wecken 10/klar4

weglaufen, lief weg, weg-
gelaufen 5/B1

wegschicken 12/D1a

wegwerfen, warf weg, weg-
geworfen 9/E1

Weißblech, das, -e 9/E4

weit 3/klar4

weit und breit 5/B1

weiter 5/B1

Weiterbildungsangebot, das,
-e 4/C1

weitermachen 3/B1

welche (2) 11/klar3

Weltreise, die, -n 2/klar2

Wende, die, * 11/A3

Werft, die, -en 6/A2

werktags 8/B2

weshalb 3/B1

Wettbewerb, der, -e 2/E1

widersprechen, widersprach,
widersprochen 5/B1

wieder 5/B1

Wiederholung, die, -en 7/A6

Wiedervereinigung, die, *
6/B1a

wild 2/A4

Winterurlaub, der, -e
7/klar3a

wirken 2/B

Wirklichkeit, die, * 12/C1a

Wirtschaftspolitik, die, *
11/A3

wischen 3/D1

Wissenschaft, die, -en 10/D4

Wochenendarbeit, die, *
4/C6

Wochenmarkt, der, "-e 8/A3

wohl 1/D2

Wohngebiet, das, -e 9/A3a

Wohnhaus, das, "-er 9/A1a

Wohnsituation, die, -en
9/klar4

Wohnungsschlüssel, der, -
2/klar3

Wohnungssuche, die, *
9/klar4

Wohnungstür, die, -en
6/klar2

Wohnzimmerteppich, der, -e
5/B1

Wunde, die, -n 10/B3a

Z

Zahnarzthelferin, die, -nen
3/B

Zahnpastatube, die, -n 9/E4

Zeiteinteilung, die, * 4/A3

Zeitgeschichte, die, * 6/C1a

Zeitungsmeldung, die, -en
12/D1a

zentral 8/B1a

Zertifikat, das, -e 12/D2a

Zeuge/Zeugin, der/die,
-n/-nen 10/B2

Ziege, die, -n 9/D1

ziemlich 1/D2

Ziffer, die, -n 10/A1a

Zigarette, die, -n 3/klar2

Zins, der, -en 8/D1

zufolge 10/B1

zugehen (+ auf jdm / auf
etw.), ging zu, zugegangen
2/B1a

Zukunftsprognose, die, -n
12/A3a

Zukunftsvision, die, -en
12/C1

zunächst 8/C2b

zurechtfinden (+ sich), fand
zurecht, zurechtgefunden
12/D2a

zurückkommen, kam zu-
rück, zurückgekommen 11/B1

*zusammenbrechen, brach
zusammen, zusammengebro-
chen* 6/A2

Zusammenfassung, die, -en
5/B4

zusammenleben 1/E1

zusammenstoßen, stieß
zusammen, zusammenge-
stoßen 10/klar2a

zuschauen 6/klar3

zuschicken 8/D1

zuständig 8/C1

zuvor 6/A1

zweifeln 12/C1a

Liste der unregelmäßigen Verben

Die Liste enthält alle unregelmäßigen Verben aus *Pluspunkt Deutsch 1, 2* und *3*.
Die meisten der trennbaren Verben finden Sie unter der Grundform.
Beispiele: aufstehen → stehen, ausschlafen → schlafen

Infinitiv	Präsens	Präteritum	Perfekt
abbrechen	er bricht ab	er brach ab	er hat abgebrochen
abheben	er hebt ab	er hob ab	er hat abgehoben
anbieten	er bietet an	er bot an	er hat angeboten
anerkennen	er erkennt an	er erkannte an	er hat anerkannt
anrufen	er ruft an	er rief an	er hat angerufen
auffallen	es fällt auf	er fiel auf	es ist aufgefallen
auftreten	er tritt auf	er trat auf	er ist aufgetreten
aufwachsen	er wächst auf	er wuchs auf	er ist aufgewachsen
ausblasen	er bläst aus	er blies aus	er hat ausgeblasen
ausfallen	er fällt aus	er fiel aus	er ist ausgefallen
backen	er bäckt	er backte (er buk)	er hat gebacken
befinden (sich)	er befindet sich	er befand sich	er hat sich befunden
beginnen	er beginnt	er begann	er hat begonnen
beitreten	er tritt bei	er trat bei	er ist beigetreten
bekommen	er bekommt	er bekam	er hat bekommen
beraten	er berät	er beriet	er hat beraten
beschreiben	er beschreibt	er beschrieb	er hat beschrieben
bestehen	er besteht	er bestand	er hat bestanden
bewerben (sich)	er bewirbt sich	er bewarb sich	er hat sich beworben
beziehen (sich)	er bezieht sich	er bezog sich	er hat sich bezogen
biegen	er biegt um die Ecke	er bog um die Ecke	er ist um die Ecke gebogen
bieten	er bietet	er bot	er hat geboten
bitten	er bittet	er bat	er hat gebeten
bleiben	er bleibt	er blieb	er ist geblieben
brechen	er bricht	er brach	er hat gebrochen
brennen	es brennt	es brannte	es hat gebrannt
bringen	er bringt	er brachte	er hat gebracht
denken	er denkt	er dachte	er hat gedacht
dürfen	ich darf		
	du darfst		
	er, sie, es darf	er durfte	er hat gedurft
	wir dürfen		
	ihr dürft		
	sie dürfen		

Infinitiv	Präsens	Präteritum	Perfekt
einfallen	ihm fällt ein	ihm fiel ein	ihm ist eingefallen
einladen	er lädt ein	er lud ein	er hat eingeladen
einschieben	er schiebt ein	er schob ein	er hat eingeschoben
einsteigen	er steigt ein	er stieg ein	er ist eingestiegen
eintreten	er tritt ein	er trat ein	er ist eingetreten
empfangen	er empfängt	er empfing	er hat empfangen
empfehlen	er empfiehlt	er empfahl	er hat empfohlen
entscheiden	er entscheidet	er entschied	er hat entschieden
entstehen	es entsteht	es entstand	es ist entstanden
erfahren	er erfährt	er erfuhr	er hat erfahren
erfinden	er erfindet	er erfand	er hat erfunden
ergreifen	er ergreift	er ergriff	er hat ergriffen
erhalten	er erhält	er erhielt	er hat erhalten
ernennen	er ernennt	er ernannte	er hat ernannt
erschrecken (sich)	er erschrickt	er erschrak	er ist erschrocken
			er hat sich vor jdm/etw. / über jdn/ etw. erschrocken
erziehen	er erzieht	er erzog	er hat erzogen
essen	er isst	er aß	er hat gegessen
fahren	er fährt	er fuhr	er ist gefahren
fangen	er fängt	er fing	er hat gefangen
finden	er findet	er fand	er hat gefunden
fliegen	er fliegt	er flog	er ist geflogen
fressen	er frisst	er fraß	er hat gefressen
geben	er gibt	er gab	er hat gegeben
gefallen	ihm gefällt	ihm gefiel	ihm hat gefallen
gehen	er geht	er ging	er ist gegangen
gelten	es gilt	es galt	es hat gegolten
genießen	er genießt	er genoss	er hat genossen
geschehen	es geschieht	es geschah	es ist geschehen
gewinnen	er gewinnt	er gewann	er hat gewonnen
gießen	er gießt	er goss	er hat gegossen
haben	ich habe		
	du hast		
	er, sie, es hat	er hatte	er hat gehabt
	wir haben		
	ihr habt		
	sie haben		
halten	er hält	er hielt	er hat gehalten
hängen	es hängt	es hing	es hat gehangen

Infinitiv	Präsens	Präteritum	Perfekt
heißen	er heißt	er hieß	er hat geheißen
helfen	er hilft	er half	er hat geholfen
kennen	er kennt	er kannte	er hat gekannt
klingen	es klingt	es klang	es hat geklungen
kommen	er kommt	er kam	er ist gekommen
können	ich kann		
	du kannst		
	er, sie, es kann	er konnte	er hat gekonnt
	wir können		
	ihr könnt		
	sie können		
lassen	er lässt	er ließ	er hat gelassen
laufen	er läuft	er lief	er ist gelaufen
leihen	er leiht	er lieh	er hat geliehen
lesen	er liest	er las	er hat gelesen
liegen	er liegt	er lag	er hat gelegen
messen	er misst	er maß	er hat gemessen
mögen	ich mag/möchte		
	du magst/möchtest		
	er, sie, es mag/möchte	er mochte	er hat gemocht
	wir mögen/möchten		
	ihr mögt/möchtet		
	sie mögen/möchten		
müssen	ich muss		
	du musst		
	er, sie, es muss	er musste	er hat gemusst
	wir müssen		
	ihr müsst		
	sie müssen		
nachschlagen	er schlägt nach	er schlug nach	er hat nachgeschlagen
nehmen	er nimmt	er nahm	er hat genommen
nennen	er nennt	er nannte	er hat genannt
raten	er rät	er riet	er hat geraten
reiten	er reitet	er ritt	er ist geritten
rennen	er rennt	er rannte	er ist gerannt
riechen	er riecht	er roch	er hat gerochen
rufen	er ruft	er rief	er hat gerufen
scheinen	die Sonne scheint	die Sonne schien	die Sonne hat geschienen
schlafen	er schläft	er schlief	er hat geschlafen
schlagen	er schlägt	er schlug	er hat geschlagen

Infinitiv	Präsens	Präteritum	Perfekt
schließen	er schließt	er schloss	er hat geschlossen
schneiden	er schneidet	er schnitt	er hat geschnitten
schreiben	er schreibt	er schrieb	er hat geschrieben
schreien	er schreit	er schrie	er hat geschrie(e)n
schwimmen	er schwimmt	er schwamm	er ist geschwommen
sehen	er sieht	er sah	er hat gesehen
sein	ich bin		
	du bist		
	er, sie, es ist	er war	er ist gewesen
	wir sind		
	ihr seid		
	sie sind		
singen	er singt	er sang	er hat gesungen
sitzen	er sitzt	er saß	er hat gesessen
sollen	ich soll		
	du sollst		
	er, sie, es soll	er sollte	er hat gesollt
	wir sollen		
	ihr sollt		
	sie sollen		
sprechen	er spricht	er sprach	er hat gesprochen
stehen	er steht	er stand	er hat gestanden
steigen	er steigt	er stieg	er ist gestiegen
sterben	er stirbt	er starb	er ist gestorben
streichen	er streicht	er strich	er hat gestrichen
streiten	er streitet	er stritt	er hat gestritten
tragen	er trägt	er trug	er hat getragen
treffen	er trifft	er traf	er hat getroffen
treiben	er treibt Sport	er trieb	er hat Sport getrieben
trinken	er trinkt	er trank	er hat getrunken
tun	er tut	er tat	er hat getan
überfallen	er überfällt	er überfiel	er hat überfallen
übertreiben	er übertreibt	er übertrieb	er hat übertrieben
überweisen	er überweist	er überwies	er hat überwiesen
umziehen	er zieht um	er zog um	er ist umgezogen
unterbrechen	er unterbricht	er unterbrach	er hat unterbrochen
unterhalten (sich)	er unterhält sich	er unterhielt sich	er hat sich unterhalten
unterstreichen	er unterstreicht	er unterstrich	er hat unterstrichen
verbieten	er verbietet	er verbot	er hat verboten
verbinden	er verbindet	er verband	er hat verbunden

Infinitiv	Präsens	Präteritum	Perfekt
verbringen	er verbringt	er verbrachte	er hat verbracht
vergessen	er vergisst	er vergaß	er hat vergessen
vergleichen	er vergleicht	er verglich	er hat verglichen
verlassen	er verlässt	er verließ	er hat verlassen
verlieren	er verliert	er verlor	er hat verloren
verschieben	er verschiebt	er verschob	er hat verschoben
verschwinden	er verschwindet	er verschwand	er ist verschwunden
versprechen	er verspricht	er versprach	er hat versprochen
verstehen	er versteht	er verstand	er hat verstanden
vertreten	er vertritt	er vertrat	er hat vertreten
vorschlagen	cr schlägt vor	er schlug vor	er hat vorgeschlagen
waschen	er wäscht	er wusch	er hat gewaschen
wegwerfen	er wirft weg	er warf weg	er hat weggeworfen
werden	ich werde		
	du wirst		
	er, sie, es wird	er wurde	er ist geworden
	wir werden		
	ihr werdet		
	sie werden		
werfen	er wirft	er warf	er hat geworfen
widersprechen	er widerspricht	er widersprach	er hat widersprochen
wiegen	er wiegt	er wog	er hat gewogen
wissen	ich weiß		
	du weißt		
	er/sie/es weiß	er wusste	er hat gewusst
	wir wissen		
	ihr wisst		
	sie wissen		
wollen	ich will		
	du willst		
	er, sie, es will	er wollte	er hat gewollt
	wir wollen		
	ihr wollt		
	sie wollen		
ziehen	er zieht	er zog	er hat gezogen
zurückrufen	er ruft zurück	er rief zurück	er hat zurückgerufen
zusammenstoßen	er stößt zusammen	er stieß zusammen	er ist zusammengestoßen

Liste der Verben mit Präpositionen

Verben mit Präposition und Akkusativ

achten auf	**Achten** Sie **auf** die Endung.
ankommen auf	Vielleicht mache ich in Italien Urlaub, vielleicht hier. Es **kommt** darauf **an**.
sich anpassen an	So langsam **passe** ich mich **an** das Klima hier **an**.
antworten auf	Sie **antwortet auf** seine Frage.
sich ärgern über	Er hat sich **über** den Brief **geärgert**.
aufpassen auf	Kannst du morgen **auf** das Baby **aufpassen**?
sich aufregen über	**Reg** dich doch nicht **über** alles **auf**!
ausgeben für	Ich **gebe** das Geld **für** Bücher **aus**.
sich bedanken für	Sie **bedankt** sich **für** das schöne Geschenk.
sich beklagen über	Ich muss mich **über** meine Kollegen **beklagen**.
berichten über	Die Zeitung **berichtet über** den Unfall.
sich beschweren über	Wir haben uns **über** die viele Arbeit **beschwert**.
sich bewerben auf	Er hat sich **auf** die Stelle **beworben**.
sich beziehen auf	Ich **beziehe** mich **auf** Ihren Brief.
bitten um	Er **bittet** ihn **um** Hilfe.
danken für	Sie **dankt** ihm **für** die Blumen.
denken an	Ich **denke an** dich.
diskutieren über	Wir haben lange **über** das Problem **diskutiert**.
eintreten in	Ich bin **in** den Verein **eingetreten**.
sich einsetzen für	Die Caritas **setzt** sich **für** Menschen in Not **ein**.
sich engagieren für	Ich **engagiere** mich **für** Flüchtlinge.
sich entscheiden für	Sie **entscheidet** sich **für** das blaue Kleid.
sich entschuldigen für	Er **entschuldigt** sich **für** seinen Fehler.
erinnern an	Sie **erinnert** mich **an** meine Mutter.
sich freuen auf	Sie **freuen** sich **auf** das Wochenende.
sich gewöhnen an	Ich habe mich leider **an** das Rauchen **gewöhnt**.
glauben an	Viele Kinder **glauben an** den Weihnachtsmann.
hoffen auf	Die Touristen **hoffen auf** gutes Wetter.
informieren über	Sie **informiert** den Kollegen **über** das Projekt.
sich interessieren für	**Interessierst** du dich **für** Musik?
kämpfen für	Auch heute muss man noch **für** die Gleichberechtigung **kämpfen**.
kämpfen gegen	Der Politiker **kämpfte gegen** den Kandidaten der anderen Partei.
sich konzentrieren auf	Ich brauche Ruhe. Ich muss mich **auf** meine Arbeit **konzentrieren**.
sich kümmern um	Er **kümmert** sich **um** die Kinder.
lachen über	Die Kinder **lachen über** die Geschichte.
reagieren auf	Er **reagiert** nervös **auf** den Vorschlag.

reden über	Die Frauen **reden über** ihre Arbeit.
schreiben an	Er **schreibt an** seinen Bruder.
sorgen für	Er **sorgt für** die Kinder.
sprechen über	Wir müssen **über** das Problem **sprechen**.
verfügen über	Wir **verfügen über** wenig Geld.
sich verlassen auf	Du kannst dich **auf** mich **verlassen**. Ich werde pünktlich kommen.
vermieten an	Wir **vermieten** das Zimmer **an** einen Studenten.
warten auf	Die Leute **warten auf** den Bus.

Verben mit Präposition und Dativ

abheben von	Ich **hebe** 50 Euro **von** meinem Konto **ab**.
abholen von	Heute **hole** ich Anu **vom** Kindergarten **ab**.
anfangen mit	Wir **fangen** heute **mit** der Lektion 12 **an**.
sich anfreunden mit	Ich habe mich **mit** meiner Nachbarin **angefreundet**.
sich auskennen mit	**Mit** Computern **kenne** ich mich gut **aus**.
sich bedanken bei	Hast du dich schon **bei** deiner Tante **bedankt**?
beginnen mit	Wir **beginnen mit** dem Text.
sich beklagen bei	Die Nachbarn haben sich **bei** mir **beklagt**.
sich beschweren bei	Ich habe mich **bei** meinem Chef **beschwert**.
bestehen aus	Das Haus **besteht** zum größten Teil **aus** Glas.
sich bewerben bei	Er hat sich **bei** der Firma **beworben**.
einladen zu	Ich **lade** dich **zu** meiner Party **ein**.
sich entschuldigen bei	Hast du dich schon **bei** ihm **entschuldigt**?
sich erschrecken vor	**Vor** diesem Hund habe ich mich sehr **erschrocken**.
erzählen von	Hast du ihr **von** der Einladung **erzählt**?
fragen nach	Er **fragt** seinen Nachbarn **nach** dem Schlüssel.
sich freuen über	Sie **freut** sich **über** die Einladung.
gehören zu	Roberto **gehört zu** meinen besten Freunden.
gratulieren zu	Ich **gratuliere** dir **zu** deinem Examen.
passen zu	**Passen** die Schuhe **zu** dem Kleid?
reden von	Alle **reden** nur noch **von** dem Fußballspiel.
sprechen mit	Hast du **mit** ihr über das Geschenk **gesprochen**?
telefonieren mit	Er **telefoniert mit** der Firma Bühler.
träumen von	Sie **träumt** sehr oft **von** ihrer Kindheit.
sich treffen mit	Wir **treffen** uns heute Abend **mit** meinem Bruder.
umgehen mit	Können Sie **mit** dem Computer **umgehen**?
sich unterhalten mit	Ich **unterhalte** mich gern **mit** meiner Freundin.
vergleichen mit	Wir **vergleichen** die Sätze **mit** den Fotos.
warnen vor	Ich muss dich **vor** diesem Kollegen **warnen**.
sich verstehen mit	Wir **verstehen** uns gut **mit** unseren Nachbarn.
sich vorstellen bei	**Stellst** du dich heute **bei** der neuen Firma **vor**?
zweifeln an	Ich **zweifle an** seinem Erfolg.

Hörtexte

Hier finden Sie alle Hörtexte, die nicht oder nicht vollständig im Buch abgedruckt sind.

Lektion

1 Unsere Kinder und wir

A 2 Ich heiße Martha Wiedemann und bin Witwe. Mein Mann ist vor vier Jahren gestorben. Seitdem lebe ich allein. Ich habe zwei Söhne, aber sie wohnen nicht in der Nähe und sie besuchen mich leider nicht so oft. Nur Weihnachten kommen wir alle zusammen. Ich würde meine Söhne und auch meine vier Enkel gerne öfter sehen. Ab und zu fühle ich mich einsam. Dann ist mein Wellensittich mein bester Freund.

Ich heiße Alexander Antoni und komme aus der Ukraine. Vor sechs Jahren bin ich mit meiner Frau und meinen drei Kindern nach Deutschland gekommen. Anfangs war es schwer. Ich bin Informatiker von Beruf und habe Glück gehabt, denn nach einer Fortbildung habe ich eine Stelle als Webdesigner bei einer Werbeagentur gefunden. Dort ist es sehr stressig. Ich arbeite bis zu 50 Stunden pro Woche. Natürlich leidet die Familie darunter und ich möchte gerne mehr Zeit mit ihr verbringen. Aber heute muss man froh sein, wenn man eine Arbeit hat.

Ich heiße Karin Schmidt. Ja, ich habe zwei Kinder, Katrin und Julian. Nach meiner Ausbildung als Buchhändlerin habe ich zwei Jahre gearbeitet. Aber nach dem ersten Kind habe ich aufgehört. Nun bin ich von früh bis spät mit den Kindern zusammen. Ich erziehe sie praktisch allein. Das ist anstrengend und auch etwas langweilig. Mein Mann kann sich kaum um die Kinder kümmern, denn er hat viel Arbeit, oft auch abends. Wenn die Kinder im Kindergarten sind, will ich wieder arbeiten.

C 2 + Guten Abend, meine Damen und Herren. In der Reihe „Unter uns – Familien und Kinder aus anderen Ländern" begrüßen wir heute Frau Teresa Rivera aus Chile. Frau Rivera, vielleicht erzählen Sie uns zunächst einmal etwas über sich und Ihre Familie.

  – Guten Abend. Mein Name ist Teresa Rivera, ich bin 39 Jahre alt und Hausfrau. Mit meinem Mann und meinen vier Kindern lebe ich seit vier Jahren in Deutschland. Alle Kinder sind in Chile geboren. Wir sind hierher gekommen, weil mein Mann hier arbeitet.

  + Sie sagen, dass Sie vier Kinder haben. Wie alt sind denn Ihre Kinder?

  – Aline, die älteste, ist 15 Jahre alt, dann kommen Roberto, er ist neun, Lilian, sie ist sieben, und Maria, die fünf Jahre alt ist.

  + Vier Kinder, das ist ja eine ganze Menge. Sicher ist für Sie vieles anders geworden, als Sie nach Deutschland gekommen sind.

  – Ja, am Anfang dachte ich, dass die Kinder und Jugendlichen in Deutschland zu viele

Freiheiten haben und dass es Probleme mit Alkohol und Drogen usw. gibt. Aber jetzt finde ich eigentlich, dass es nicht so ist.

+ Wie war der Anfang für Sie und Ihre Kinder hier in Deutschland?

– Für die kleineren war es nicht so schwierig, denn sie haben alle gleich im Kindergarten Deutsch gelernt. Für unsere älteste Tochter war es etwas komplizierter, denn sie konnte noch kein Deutsch, aber sie ist gleich aufs Gymnasium gekommen. Am Anfang hat sie bei einer Schülerin aus der zwölften Klasse Deutsch gelernt. Außerdem hat sie in den ersten sechs Monaten noch keine Noten bekommen. Nach ungefähr einem halben Jahr konnte sie genug Deutsch. Jetzt geht sie in die neunte Klasse und ist gut integriert.

+ Haben Ihre Kinder schnell Kontakte gefunden?

– Oh ja! Sie sind sehr aktiv. Meine älteste Tochter besucht eine Tanzschule und die kleineren sind in der Musikschule. Unser Sohn ist Mitglied in einem Judoverein. Jetzt ist es so, dass meine Kinder ihr Heimatland und ihre alten Freunde schon fast vergessen haben.

+ Welche Sprache sprechen Ihre Kinder zu Hause?

– Wenn sie zusammen sind, sprechen sie nur Deutsch, und mit meinem Mann und mir sprechen sie meistens Spanisch.

+ Wer kümmert sich in Ihrer Familie um die Kinder? Teilen sich Ihr Mann und Sie diese Arbeit?

– Ja. Zum Glück kann mein Mann oft zu Hause arbeiten. Wir wechseln uns ab, so dass ich zum Beispiel am Nachmittag noch einen Deutschkurs besuchen kann, weil ich gerne das Zertifikat machen möchte. Außerdem passt manchmal auch die älteste Tochter auf die Kleineren auf, z. B. wenn mein Mann und ich eingeladen sind oder ins Kino gehen.

+ Welche Regeln haben Sie für die Erziehung?

– Für meinen Mann und mich sind feste Regeln sehr wichtig. So dürfen unsere Kinder nur eine Stunde pro Tag fernsehen, am Nachmittag dürfen sie erst spielen, wenn sie die Hausaufgaben gemacht haben, und wir haben feste Essenszeiten, wo alle da sein müssen.

+ Wenn Sie Familien in Deutschland und Chile vergleichen, was ist anders?

– Ich glaube, dass der Kontakt zwischen Eltern und Kindern in deutschen Familien nicht so intensiv ist. Oft arbeiten beide Eltern und die Kinder sind allein. Die Atmosphäre ist ein bisschen kalt. In unserer Familie ist es sehr wichtig, dass immer jemand für die Kinder da ist und dass sie immer mit ihren Eltern sprechen können, wenn sie Probleme haben.

+ Frau Rivera, wir danken Ihnen für dieses Gespräch.

Lektion 2 Sympathie und Erfolg

A 1 **b)**

+ Schau mal, die Frau mit den hellen Haaren und der schicken Sporttasche. Ihr hübsches, jugendliches Gesicht und die sportliche Kleidung gefallen mir besonders gut. Sie macht einen sympathischen Eindruck.

− Ja, aber ich finde die schlanke Frau in dem blauen Kleid mit den bunten Punkten netter. Sie hat ein so feines, zartes Gesicht! Sie sieht sehr natürlich aus. Ich frage mich nur, warum sie so ein großes Geschenkpaket hat. Was ist da drin und wohin fährt sie?

+ Siehst du den jungen Mann mit dem wilden, blonden Haar? Der gefällt mir nicht. Er ist schlecht rasiert, man kann fast schon von einem ungepflegten Bart sprechen. Und schau dir die kaputte Hose an! Das sieht nicht ordentlich aus! Und sein Hund …!

− Die Frau mit dunklem Haar neben ihm sieht auch nicht schlecht aus, nur scheint sie etwas eingebildet zu sein. Ihr Anzug ist zu grau und passt nicht zu ihrer Figur. Und die Krawatte ist viel zu auffällig.

+ Ach, da will wohl jemand Urlaub machen. Guck mal, der Mann mit dem großen Rucksack. Er ist kräftig und muskulös. Er sieht sehr sportlich aus. Will er verreisen? Er ist sicher neugierig, die Welt zu sehen. Solche Männer mit guter Figur und sportlichem Aussehen gefallen mir. Das ist ein attraktiver Mann!

− Ja, bestimmt attraktiver als der Mann mit den vielen Falten im Gesicht. Komisch, dass seine Haare noch so viel Farbe haben. Hat er in Wirklichkeit eine Glatze, die er unter einer billigen Perücke versteckt? Außerdem macht er ein böses Gesicht. Er hat wohl schlechte Laune. Solche Leute mag ich jedenfalls nicht.

Lektion 3 Frauen heute

A 3 Sprecherin 1:

Gleichberechtigung bedeutet doch für jeden etwas anderes. Manche Frauen fühlen sich gleichberechtigt und emanzipiert, andere nicht. Ich glaube, das hängt von der Persönlichkeit ab. Für alle Frauen kann ich nicht sprechen, mir genügt, dass ich mich frei fühle. Und das tue ich eigentlich. Ich bin nicht verheiratet und muss niemanden fragen, wenn ich etwas machen will, und niemand macht mir Vorschriften. Das ist das wichtigste.

Sprecherin 2:

Gleichberechtigung? Ich weiß nicht, für mich ist das so ein Modewort. Also, ich habe jeden Tag viel zu tun. Ich erziehe meine Kinder allein, muss jeden Morgen sehen, dass meine Tochter in die Schule kommt, und meinen Sohn in den Kindergarten bringen. Vormittags arbeite ich und am Nachmittag kümmere ich mich um die Kinder. Das ist meine Welt – und dafür brauche ich keinen Begriff wie das Wort Gleichberechtigung.

Wichtig ist doch, dass man es als Frau schafft, jeden Tag alles zu regeln und nicht jammert, sondern davon überzeugt ist: Ich schaffe das! Ich bin stark! Ich mache das jetzt so.

Sprecherin 3:

Arbeit und Privatleben sind für mich kein Problem, denn mein Mann hilft mir immer im Haushalt und lässt mir alle Freiheiten. So kann ich in Teilzeit berufstätig sein und mir bleibt auch Zeit, mich mit Freundinnen zu treffen. Gleichberechtigung heißt für mich also, dass ich weiß, dass mein Mann immer da ist und dass ich viel Zeit für mich selbst habe.

Sprecherin 4:

Gleichberechtigung? Das kann noch lange dauern! Obwohl viele Frauen studieren, kommen nur wenige in Spitzenpositionen. Und obwohl sich auch immer mehr Männer um die Kinder kümmern, sind meistens die Frauen für die Erziehung verantwortlich. Außerdem wollen viele Männer nicht, dass die Frauen mehr Rechte und Macht bekommen. Trotzdem dürfen wir nicht aufgeben. Wir müssen weiter für unsere Rechte kämpfen!

Lektion
4 **Die Arbeitswelt**

D 3 Irina Bulgakova: Mein neuer Job gefällt mir nicht schlecht, aber es ist auch anstrengend. So vieles ist anders als bei uns in Russland. In der Zahnarztpraxis gibt es ein Computerprogramm, das für mich ganz neu ist. Ich würde gerne mehr über Computer wissen.

Frau Kröger: Aber das ist doch kein Problem! Es gibt viele Angebote, um sich fortzubilden, z. B. an der Volkshochschule oder an einer Akademie für berufliche Fortbildung. Du weißt doch, im letzten Jahr habe ich einen Englischkurs gemacht. Für meine Arbeit an der Rezeption im Hotel war das ganz wichtig. Wenn du einen Computerkurs machen würdest, wäre die Arbeit für dich leichter.

Irina Bulgakova: Aber wie soll das denn gehen? Ich arbeite den ganzen Tag und dann muss ich mich auch noch um den Haushalt und das Kind kümmern. Außerdem sind solche Kurse nicht billig.

Frau Kröger: Du könntest doch einen Abendkurs machen, der zweimal pro Woche stattfindet. Das dauert meistens drei Monate, aber dann hast du viel gelernt. Vielleicht bezahlt dein Chef die Kursgebühr ganz oder teilweise. Auch er hätte ja Vorteile, wenn du dich mit dem Computer besser auskennen würdest.

Irina Bulgakova: Das stimmt. Könntest du vielleicht auf mein Kind aufpassen, wenn ich abends weg bin?

Frau Kröger: Aber natürlich.

Irina Bulgakova: Das ist wirklich nett von dir. Morgen frage ich erst mal meinen Chef. Hast du noch ein Programm von der Volkshochschule oder Prospekte mit Kursangeboten?

Lektion
5 Früher und heute

A 3
1. Vor fünfzig Jahren arbeiteten die Menschen länger als heute. Der Arbeitstag dauerte zehn Stunden und man verdiente weniger Geld.
2. Meine Eltern hatten viele Jahre kein Auto. Als ich zehn Jahre alt war, kaufte mein Vater dann einen alten VW. Wir wohnten damals in einer Mietwohnung. Später bauten meine Eltern ein Haus. Das war für uns alle eine sehr schöne Zeit.

C 3

Interviewerin: Wann sind Sie denn geboren und wie viele Geschwister hatten Sie?

Frau Hoffmann: 1921. Ich hatte neun Brüder und zwei Schwestern.

Interviewerin: Sie waren zwölf Kinder?

Frau Hoffmann: Damals gab es die Pille ja noch nicht. *(lacht)*

Interviewerin: Wie sah denn das Zusammenleben in einer so großen Familie aus?

Frau Hoffmann: Meine Eltern waren Bauern. Da mussten alle mithelfen … wir hatten ja Landwirtschaft! Es war ein hartes Leben. Heute ist alles besser geregelt.

Interviewerin: Sehen Sie einen Unterschied zwischen dem Leben früher und heute?

Frau Hoffmann: Ja, da gibt es einen großen Unterschied. Unsere Arbeit war viel schwerer, weil wir noch keine Maschinen hatten. Da war schon viel zu tun.

Interviewerin: Das kann man sich heute kaum noch vorstellen, nicht?

Frau Hoffmann: Nein, aber damals haben alle mitgeholfen. Der eine sah, was der andere tun musste, und unterstützte ihn ganz selbstverständlich. Wenn zum Beispiel jemand aus der Familie krank war, dann sind auch die Nachbarn gekommen, sie haben den Kranken gepflegt und bei der Arbeit mitgemacht.

Interviewerin: Erzählen Sie doch vielleicht einmal von einem ganz normalen Tag aus Ihrer Jugend. Woran erinnern Sie sich noch?

Frau Hoffmann: Sieben Jahre gingen wir morgens erst noch in die Kirche und erst dann in die Schule. Der Weg zur Schule dauerte eine halbe Stunde zu Fuß. Aber es war nicht so gefährlich wie heute. Die Landstraßen waren noch viel freier, es fuhren ja keine Autos!
Als ich mit 14 Jahren mit der Schule fertig war, habe ich weiter auf dem Hof geholfen. Einen Beruf lernen konnte ich nicht. Das war damals nicht üblich. Freizeit kannten wir nicht. Fernsehen oder Disko, das gab es damals ja noch nicht. Wir Mädchen haben abends Handarbeit gemacht, genäht und gestrickt. Aber oft waren wir auch todmüde und sind einfach ins Bett gefallen.

C 5   Text 1:

Und hier noch einige Hinweise zu Ausstellungen in Bonn für morgen, den 27. Februar 2005. Im Frauenmuseum ist der letzte Tag der Ausstellung „Meine Firma. Elf Künstlerinnen zeigen ihre Arbeitsergebnisse". Öffnungszeit von 11 bis 18 Uhr, die Karten kosten 4,50 Euro, 3 Euro ermäßigt. Ebenfalls letzter Tag der Ausstellung „Elvis in Deutschland" im Haus der Geschichte. Die Ausstellung ist von 9 bis 19 Uhr geöffnet, der Eintritt ist frei. Die Ausstellung „Nähe und Ferne – Deutsche, Tschechen und Slowaken", ebenfalls im Haus der Geschichte, läuft noch bis zum 28. März.

Text 2:

Guten Tag, hier ist das Museum für Stadtgeschichte in Freiburg. Die Telefonzentrale ist zur Zeit nicht besetzt. Bitte rufen Sie uns während der normalen Öffnungszeiten dienstags bis sonntags von 10 bis 17 Uhr an. Von Dienstag bis Freitag ist es möglich, Führungen zu reservieren. Bitte beachten Sie: Am Freitag, dem 18.07. bleibt das Museum wegen der Museumsnächte tagsüber geschlossen. Es ist an diesem Tag von 20 bis 24 Uhr, am Samstag, 19.07. von 14 Uhr bis 2 Uhr und am Sonntag, 20.07. von 14 Uhr bis 17 Uhr geöffnet.

Text 3:

Es gibt zwei Möglichkeiten, um vom Hauptbahnhof zum Schlossbergmuseum Chemnitz zu kommen. Mit der Buslinie 51 fahren Sie Richtung Heinersdorf und steigen Haltestelle Leipziger Platz aus. Die Haltestelle Leipziger Platz ist ca. zehn Minuten vom Museum entfernt. Oder Sie gehen zu Fuß. Das dauert ca. 20 Minuten. Sie gehen vom westlichen Seitenausgang geradeaus die Georgstraße entlang, bis Sie auf den Schlossteich treffen. Gehen Sie dann am Schlossteich entlang, dann sehen Sie bald das Museumsgebäude.

Text 4:

Meine Damen und Herren! Ich möchte Sie sehr herzlich zur Eröffnung der Ausstellung „Duell im Dunkel – Spionage im geteilten Deutschland" im Haus der Geschichte begrüßen. Es ist das erste Mal, dass die Geschichte der Spionage das Thema einer Ausstellung ist, obwohl man schon viel darüber geschrieben hat. Die Ausstellung dokumentiert die Fakten und der Besucher wird sehen, dass die Wirklichkeit oft anders ist als die Vorstellungen, die wir von der Arbeit der Geheimdienste in unseren Köpfen haben.

A 3

Frau Becker: Sag mal, hast du schon überlegt, wo wir in diesem Jahr Urlaub machen können?

Herr Becker: Ach, auf jeden Fall nicht wieder auf Borkum. Da waren wir schon so oft. Immer dieselbe Pension und immer derselbe Strand. Ich möchte gerne mal etwas anderes machen.

Frau Becker: Wir könnten ja mal Campingurlaub machen. In der Zeitung habe ich gelesen, dass es am Chiemsee sehr schöne Campingplätze gibt.

Herr Becker: Das ist doch wie auf Borkum. Immer dasselbe! Da laufen wir um die Insel herum und in Bayern um den Chiemsee. Ich will mal einen richtigen Abenteuerurlaub machen, vielleicht in Kenia. Da kann man wilde Tiere sehen, z. B. Elefanten.

Frau Becker: Ach nee … ich will nicht so weit weg. Und außerdem ist das auch ganz schön teuer! Wie wäre es denn mit Italien? Da gibt es so viel zu sehen: Die Museen in Florenz, das antike Rom … Wir könnten ja eine Rundreise machen und das besichtigen.

Herr Becker: Eine Städtereise? Ich weiß nicht. Das ist zwar interessant, aber nicht mitten im Sommer. Da sind so viele Menschen und wir stehen da, mit dem Stadtplan in der Hand, und finden nichts. Und die Kinder? Ich glaube, die finden das bestimmt langweilig. Stimmt's?

Sohn: Ja, also, auf Denkmäler und Museen habe ich auch keine Lust. Mir würde eine Radtour gefallen. Ihr sagt ja selbst, dass wir mehr Sport machen sollten.

Tochter: Das finde ich auch. Elena hat letztes Jahr mit ihren Eltern eine Radtour am Rhein gemacht. Sie sagt, das war super.

Herr Becker: Eine Radtour ist doch gar nicht schlecht. Es wären nicht wieder dieselben Ferien wie jedes Jahr, sondern mal was ganz anderes.

Tochter: Und die Radtour machen wir in Südfrankreich. Das ist auch nicht so weit weg.

Sohn: Und wir haben alles zusammen: Wir bewegen uns, machen eine Rundreise, übernachten auf Campingplätzen und wir können auch Städte besichtigen – also: ein richtiger Abenteuerurlaub!

Frau Becker: Aber dann müssen wir alles genau planen. Zelte und Campingsachen haben wir ja, aber wie transportieren wir die Sachen? Und wir müssen auch genau wissen, wo Campingplätze sind.

Tochter: Elena hat mir erzählt, dass das ganz einfach ist. Alle Reisebüros bieten Fahrradtouren an. Unsere Fahrräder werden hier abgeholt, wir fahren bequem mit dem Bus hinterher und alle Übernachtungen sind schon reserviert. Da geht alles nach Plan.

Achtung, Reisende auf Gleis 1. Der ICE 986 von München zur Weiterfahrt nach Hamburg, planmäßige Ankunft 21.32 Uhr, planmäßige Abfahrt 21.37 Uhr, wird heute 10 bis 15 Minuten später hier ankommen.

Verkehrsmeldungen:

Hier ist der Bayerische Rundfunk mit Verkehrsmeldungen für Bayern. A3 Frankfurt Richtung Würzburg zwischen Wertheim/Lengfurt und Dreieck Würzburg-West Baustelle, 7 km Stau, die rechte Fahrspur ist gesperrt.
Vorsicht auf der A8 Stuttgart Richtung München an der Ausfahrt Stuttgart/Degerloch Gefahr durch Gegenstände auf der Fahrbahn.
Die B12 München – Passau ist bei Mühldorf wegen Bauarbeiten in beiden Richtungen gesperrt. Eine Umleitung ist ausgeschildert.

Lektion

8 Ein neuer Start

B 1 b)

Frau Phan: Sieh mal, Schatz. Dein jetziger Job gefällt dir doch nicht mehr und du sagst immer, dass du dich selbstständig machen willst. Lies mal diese Anzeigen hier.

Herr Phan: Zeig mal her. Ein Kiosk und ein Imbiss sind zu vermieten. Bei dem Imbiss steht, dass der Besitzer in Rente geht und auch, wie hoch die Miete ist. Bei dem Kiosk steht nichts.

Frau Phan: Ich denke, der Kiosk ist eine bessere Idee. Aber natürlich möchte ich auch gern wissen, warum der Besitzer aufhören will.

Herr Phan: Und ob man mit einem Kiosk oder einem Imbiss gut verdienen kann.

Frau Phan: Das kommt sicher darauf an, wo die Geschäfte liegen und ob ein Kiosk zum Beispiel Toto und Lotto hat und ob dort auch Fahrkarten verkauft werden.

Herr Phan: Ja, dann kommen bestimmt immer viele Leute und kaufen auch noch Zeitungen oder Süßigkeiten.

Frau Phan: Bei dem Imbiss bin ich skeptisch. Ich glaube, dass man da auch eine besondere Genehmigung braucht und dass das Gesundheitsamt Kontrollen macht.

Herr Phan: Ja, das kann sein. Ich glaube auch, dass der Kiosk interessanter ist. Also, dann rufe ich den Kioskbesitzer gleich mal an …

B 2 Herr Oltmann: Karl Oltmann.

Herr Phan: Guten Tag, mein Name ist Hai Phan. Ich rufe wegen Ihrer Anzeige in der *Hannoverschen Allgemeinen* an. Ich interessiere mich für den Kiosk. Wo steht er denn?

Herr Oltmann: In der Rundestraße beim Hauptbahnhof. Die kennen Sie bestimmt.

Herr Phan: Allerdings. Da kommen sicher immer viele Leute vorbei. Verkaufen Sie auch Fahrkarten und haben Sie Toto und Lotto?

Herr Oltmann: Ja, ich habe beides und das ist natürlich ein großer Vorteil.

Herr Phan: Wie viel kann man denn im Monat damit verdienen?

Herr Oltmann: Pro Monat kommt man so auf 12 000 Euro Umsatz. Davon gehen natürlich die Kosten für Miete, Einkauf, Steuern usw. ab.

Herr Phan: Und wie hoch ist die Miete?

Herr Oltmann: Die liegt bei genau 700 Euro im Monat.

Herr Phan: Und dann würde ich gerne wissen: Warum wollen Sie eigentlich aufhören?

Herr Oltmann: Ich bin jetzt 65 und werde langsam zu alt. Deshalb suche ich einen Nachfolger.

Herr Phan: Ich würde mir den Kiosk gerne einmal anschauen. Wie sind Ihre Öffnungszeiten?

Herr Oltmann: Der Kiosk ist werktags, das heißt montags bis freitags von 7 bis 19 Uhr und am Samstag von 8 bis 14 Uhr geöffnet. Wann können Sie vorbeikommen?

Herr Phan: Am besten wäre morgen Nachmittag so um 5 Uhr.

Herr Oltmann: Gut, dann sehen wir uns also morgen Nachmittag, Herr Phan. Auf Wiederhören!

Lektion
9 Stadt und Land

A 1 **a)**

Links im Bild ist eine Stadt. In der Stadtmitte ist ein Einkaufszentrum und dahinter sind viele Wohnhäuser mit hübschen Gärten davor. Außerdem sieht man ein Gewerbegebiet mit einer Fabrik und einem Baumarkt daneben. Es gibt viel Verkehr. An der Stadt führt eine Autobahn vorbei, auf dem Fluss fahren Schiffe. Es gibt auch einen Hafen. Über der Stadt sieht man ein Flugzeug. Der Wanderweg führt aus der Stadt heraus aufs Land.

Auf der rechten Bildhälfte sieht man Felder und Wiesen und etwas weiter weg davon ein kleines Dorf. Der Wanderweg führt über einen kleinen Bach. Auf einem Bauernhof sind viele Tiere. Der Wanderweg führt zu einem Hügel, auf dem man Wanderer sieht. Dahinter ist der Wald und hinter dem Wald beginnt ein kleines Gebirge.

B 2

Polizei: Polizeinotruf.

Ramona Nahle: Guten Tag, hier spricht Ramona Nahle. Ein Auto hat in der Goethestraße einen Fußgänger angefahren. Der Fußgänger ist verletzt.

Polizei: Welche Verletzungen hat er?

Ramona Nahle: Er sagt, dass das linke Bein sehr weh tut. Außerdem blutet er am Kopf.

Polizei: Wo genau in der Goethestraße ist der Unfall passiert?

Ramona Nahle: Kurz vor der Ecke Goethestraße/Goetheplatz.

Polizei: Gut, wir kommen sofort und schicken auch einen Krankenwagen.

B 3 a)

Arzt: Wo haben Sie Schmerzen?

Patient: Vor allem das linke Bein tut weh.

Arzt: Versuchen Sie mal, es zu bewegen.

Patient: Au, das tut weh! Ist es gebrochen?

Arzt: Das weiß ich noch nicht. Wir müssen eine Röntgenaufnahme machen. Am Kopf haben Sie eine Platzwunde, die können wir nähen.

Patient: Bleibt eine Narbe?

Arzt: Vielleicht, aber die wird sicher so klein, dass man sie nachher kaum sieht. Zum Glück ist das Auto nicht schnell gefahren, sonst hätten Sie noch schlimmere Verletzungen gehabt.

Patient: Muss ich länger bleiben?

Arzt: Das kommt darauf an, ob das Bein gebrochen ist.

b)

Arzt: Auf jeden Fall müssen wir Sie aufnehmen und dazu habe ich einige Fragen. Sind Sie schon einmal operiert worden?

Patient: Ja, vor fünf Jahren hatte ich eine Blinddarmoperation.

Arzt: Welche Kinderkrankheiten hatten Sie und hatten Sie außer der Blinddarmentzündung schon andere schwere Krankheiten?

Patient: Nein, eigentlich nicht. Als Kind hatte ich wie die meisten Masern und Windpocken.

Arzt: Nehmen Sie regelmäßig Medikamente?

Patient: Wenn ich Kopfschmerzen habe, nehme ich manchmal ein Aspirin.

Arzt: Wie ist es mit Alkohol und Zigaretten?

Patient: Ich bin Nichtraucher, am Abend trinke ich manchmal ein oder zwei Gläser Wein.

Arzt: Ich habe hier noch ein Formular, das Sie ausfüllen müssen. Sie können es dann später dem Pflegepersonal geben. Jetzt messe ich erst einmal den Blutdruck und nehme etwas Blut ab.

C 4 Gerhard aus Deutschland:

Eigentlich finde ich, dass die EU eine gute Sache ist. Ich wohne an der holländischen Grenze und kann immer ohne Passkontrolle dorthin fahren und einkaufen. Es gibt auch keine Zollkontrollen mehr. Ich denke, es ist wichtig, dass die Staaten Europas eng zusammenarbeiten. Früher hat es in Europa viele Kriege gegeben, z. B. zwischen Deutschland und Frankreich, das kann jetzt zum Glück nicht mehr passieren. Außerdem wird auch die Rolle von Europa in der Welt stärker. Aber manchmal bin ich enttäuscht, wenn ich sehe, wie die Regierungen der einzelnen Staaten nur an ihre eigenen Interessen denken.

Ricardo aus Spanien:

Also, mir gefällt die EU. Ich finde es gut, dass ich jetzt kein Geld mehr wechseln muss, wenn ich nach Portugal oder nach Frankreich oder Deutschland fahre. Junge Leute haben jetzt viele Möglichkeiten im europäischen Ausland zu studieren. In Spanien hat die EU viele Projekte finanziert, zum Beispiel Autobahnen. 1986, als Spanien EU-Mitglied wurde, waren die Bauern bei uns zuerst sehr dagegen. Auch mein Vater, der Bauer ist, denn er musste vieles anders machen. Aber er hat sich der Situation angepasst. Er hat keine Kühe mehr, sondern züchtet Schafe und bekommt von der EU Unterstützung.

Pawell aus Polen:

Polen hätte noch etwas mehr Zeit gebraucht, um in die EU einzutreten. Es hat viele Reformen gegeben, aber ich glaube, dass wir schlecht vorbereitet sind, denn die Reformen kamen zu schnell und sie sind oft nicht zu Ende gedacht. Die wirtschaftliche und politische Situation ist in Polen sehr instabil. Wir bekommen viel Geld aus Brüssel, aber oft weiß man nicht, wo es bleibt. Wie haben sehr viele kleine Bauernhöfe und für diese ist die Konkurrenz aus Europa vielleicht zu stark. In Deutschland zum Beispiel ist die Landwirtschaft fast wie eine Industrie und bei uns gibt es nur sehr wenige Maschinen.

Zita aus Ungarn:

Viele Ungarn haben Angst, dass sie wegen des EU-Beitritts ihre Kultur und Sprache und ihre nationale Eigenart verlieren. Außerdem wird es schwierig, den Kontakt zu den Menschen mit ungarischer Nationalität zu halten, die z. B. in Rumänien leben, weil die Einreise für alle, die weiter östlich leben, schwerer wird. Aber insgesamt hat die EU viele gute Seiten und mit der Zeit bringt sie einen Aufschwung für Ungarn. Jetzt gibt es die Möglichkeit, wieder auf das gleiche Niveau zu kommen wie der entwickelte Teil von Europa.

Agnieszka aus Polen:

Polen ist jetzt in der EU und das ist richtig. Es gibt mehr ausländische Firmen, die in Polen Arbeitsplätze schaffen, und für unsere Bauern ist es leichter, ihre Produkte zu exportieren. Damit bekommt unser Land langfristig auch einen höheren Lebensstandard. Außerdem sind neue Sachen immer gut. Vor allem junge Leute bekommen neue Perspektiven und bessere Möglichkeiten, ins Ausland zu gehen. Allerdings gibt es in Polen sehr unterschiedliche Meinungen. Besonders ältere Leute sind oft skeptisch und ich habe festgestellt, dass auch die Menschen auf dem Land die EU viel negativer sehen als in der Stadt. Viele wissen gar nicht genau, was die EU ist, und sie haben ganz allgemein Angst vor neuen Dingen.

klar 2 Gunther Radke:

Ich interessiere mich besonders für aktuelle Themen, z. B. Krieg und Frieden und die Entwicklung der Europäischen Union. Ich finde es wichtig, dass sich die EU weiterentwickelt, denn das ist für alle Menschen in Europa ein großer Vorteil. Und es ist wichtig, dass Europa eine größere Rolle in der Welt spielt. Andere Themen wie z. B. Steuern oder Gesundheitspolitik finde ich langweilig.

Helmut Schneider:

Ich finde, über Politik wird einfach zu viel geredet. Dauernd gibt es im Fernsehen Talkshows, wo immer dasselbe gesagt wird. Und ich habe auch nie daran gedacht, Mitglied einer Partei zu werden. Das heißt aber nicht, dass mich Politik überhaupt nicht interessieren würde. Ich finde es sehr wichtig, was in meiner Heimatstadt passiert. Ich gehe immer zur Kommunalwahl und engagiere mich in einer Bürgerinitiative gegen den Verkehrslärm in unserer Stadt.

Barbara Sattler:

Politik? Ja, das finde ich wichtig. Ich bin Mitglied der Grünen und engagiere mich in den Wahlkämpfen an Informationsständen auf der Straße. Außerdem informiere ich mich gründlich in den Medien über Politik, weniger durch das Fernsehen, aber sehr viel durch Tageszeitungen und die politischen Sendungen im Radio.

Lektion

12 Wie wird es sein?

D 3 a)

Interviewerin: Ich bin hier auf der Abschlussfeier von einem Deutschkurs der Volkshochschule. Bei mir sind Jana aus Tschechien und Vladimir aus der Ukraine, um mir einige Fragen zu beantworten. Wie lange haben Sie jetzt Deutsch gelernt, Vladimir?

Vladimir: Vor einigen Jahren habe ich einen Arbeitsamtskurs gemacht und jetzt hier an der Volkshochschule diesen Zertifikatskurs.

Interviewerin: Und Sie, Jana?

Jana: Ich habe hier zwei Kurse gemacht und davor einen Kurs am Sprachenkolleg. Da lernen vor allem Studenten.

Interviewerin: Sprechen Sie auch außerhalb der Schule Deutsch?

Vladimir: Leider nicht oft. Zu Hause spreche ich nur Russisch und ich habe eigentlich kaum Kontakt zu Deutschen.

Jana: Da geht es mir etwas besser. Mein Mann ist Deutscher und deshalb spreche ich nur Deutsch.

Interviewerin: Was war für Sie besonders interessant?

Jana: Dass wir viele Sachen geübt haben, die man oft braucht, z. B. wie man eine Notiz für seinen Nachbarn schreibt.

Vladimir: Ich fand es auch gut, dass wir über Behörden und Bewerbungen gesprochen haben.

Interviewerin: War es auch manchmal langweilig?

Vladimir: Na ja, nicht alles ist gleich interessant. Besonders langweilig war es, Statistiken zu beschreiben.

Jana: Ich fand es schwierig, etwas über Politik zu sagen, denn dafür interessiere ich mich eigentlich nicht.

Vladimir: Also, ich fand das spannend, denn ich finde, dass Politik wichtig ist.

Jana: Auch die Grammatik war nicht immer interessant, aber wichtig.

Vladimir: Es war gut, dass wir Grammatik immer in Verbindung mit Alltagssituationen geübt haben.

Interviewerin: Wann haben Sie zum ersten Mal gemerkt, dass Sie Fortschritte machen?

Jana: Am Ende des ersten Kurses hier an der Volkshochschule. Inzwischen geht das Sprechen und Verstehen ganz gut. Nur am Telefon bin ich immer noch unsicher.

Vladimir: Da habe ich auch noch Probleme. Aber sonst bin ich nicht mehr unsicher, wenn ich einkaufen gehe oder etwas auf dem Amt erledigen muss.

Interviewerin: Was werden Sie jetzt machen?

Vladimir: Erstmal suche ich Arbeit. Später mache ich vielleicht noch die Mittelstufe. Das weiß ich noch nicht.

Jana: Ich will Wirtschaft studieren. Deshalb gehe ich jetzt wieder zum Sprachenkolleg, um mich auf die Sprachprüfung an der Uni vorzubereiten.

klar 2 Die Jodelschule

Schüler Holleri du dödl di … Diri diri dudl dö …

Lehrer: Das genügt … Wir wollen jetzt versuchen, die bisher erarbeiteten Grundmotive des Erzherzog-Johann-Jodlers frei vorzutragen … bitte, Herr Doktor Sudermann … Holleri …

Dr. Sudermann: *(langsam)* Holleri … di …

Lehrer: Dudl …

Dr. Sudermann: Dudl …

Lehrer: Jö …

Dr. Sudermann: Jö …

Lehrer: Herr v. Liliencron … Hollera …

Liliencron: Hollera di dadl do …

Lehrer: Danke … Frau Hoppenstedt …

Frau Hoppenstedt: Hollera da didl …

Lehrer: *(unterbricht)* Holleri …

Frau Hoppenstedt: Holleri di dudl du …

Lehrer: *(unterbricht)* Du dödl di …

Frau Hoppenstedt: Äh … Holleri du dödl du …

Lehrer: Du dödl di … im ganzen Satz …

Frau Hoppenstedt: Hollerö dö dudl dö …

Lehrer: Du dödl di! Dö dudl dö ist zweites Futur bei Sonnenaufgang …
Holleri du didl do …

Frau Hoppenstedt: *(verbessernd)* … Di dudl dö …

Lehrer: Äh … du dödl di …

Frau Hoppenstedt: Hollahi …

Lehrer: Holleri …

Frau Hoppenstedt: Holleri … dö didl …

Lehrer: Du dödl …

Frau Hoppenstedt: Du dödl di …

Lehrer: Und alle bitte …

Schüler: Holleri du dödl di … diri diri dudl dö …

Lehrer: Danke, das war's für heute … Wir sehen uns wieder am Donnerstag
um 15 Uhr 30 …

Bildquellen

© Akg-images, S. 51 (unten) – Artur: © Amend, S. 92 – Aura: © Ammon, S. 68 (4) – Avenue
Images: © Terri, S. 115 (b) – © Badische Zeitung / Kaizl, S. 78 – © Becker & Bredel, S. 82 (unten
links) – © Bourret, S. 119 (rechts) – Bundesministerium für Wirtschaft und Arbeit: © Initiative
Teamarbeit für Deutschland, S. 79 – Caro: © Teich, S. 38 (Mitte), S. 42 – © Corbis / Forest Y.
Ackerman Collection, S. 122 (rechts); Corbis: © Craigmyle, S. 28 (b), © Carroll, S. 10 (b),
© Feingersh, S. 28 (a), © Kaufmann, S. 28 (c), © Lewine, S. 118 (b) – © Cornelsen, S. 114; Abt,
S. 19; Corel-Library, S. 45, S. 52 (d), S. 68 (6), S. 95 (1. Reihe, 2. Reihe: links und rechts, 3. Reihe),
S. 115 (a, c, d, e), S. 122 (links); Funk, S. 13; Homberg, S. 38 (unten); Lücking, S. 38 (oben);
Schulz, S. 15, S. 25 (rechts), S. 30 (oben), S. 41, S. 43, S. 82 (unten Mitte), S. 84, S. 87 (rechts),
S. 117, S. 125 (unten); Schote, S. 125 (oben) – Ddp-Archiv: © Matzeratz, S. 16 (unten), © Rose,
S. 60 (a) – © Ernst Barlach Lizenzverwaltung, Ratzeburg, S. 88 – f1 online / Publiphoto:
© Schuster, S. 23 (links) – © Frost, S. 57 (links) – © Gerg, S. 76 – © Globus Infografik, S. 70, S. 97 –
images.de: © Sauer, S. 21 – Interfoto: © Gläser, S. 16 (oben links) – Joker, S. 82 (oben links) –
© Kermi GmbH, S. 52 (b links) – Land Berlin: © Thie, S. 110 (oben) – Picture-Alliance:
© akg-images, S. 60 (c); akg-images: © Schuetz, S. 61 (g); Berliner Zeitung: © George S. 116 (3);
CMI / Picture 24: Uselmann, S. 68 (1, 3); © dpa, S. 60 (d, e); dpa: © Bein, S. 95 (2. Reihe: Mitte),
© Berg, S. 75 (unten links), © epa AFP Clary, S. 28 (d), © Fishman, S. 86, © Förster, S. 96 (unten),
© Hennig, S. 60 (f), © Leonhardt, S. 75 (oben links), © Lochmann, S. 87 (links), © Mächler,
S. 75 (unten rechts), © May, S. 83 (oben rechts), S. 116 (2), S. 127, © Pixfeatures, S. 61 (h),
© Rauschnick, S. 119 (links), © Settnik, S. 113 (Mitte), © Walter, S. 94, © Weihrauch, S. 83 (Mitte
rechts), © Weihs, S. 48, © Wolf, S. 68 (2); Okapia: © Cortier S. 10 (a), © McDonald, S. 68 (5),
© Wothe, S. 96 (Mitte); Picture Press: © Wartenberg, S. 23 (rechts), S. 39, S. 104, S. 118 (a, c); ZB:
© Büttner, S. 71, © Endig, S. 112, © Förster S. 116 (1), © Grubitzsch, S. 116 (oben), © Kalaene,
S. 87 (Mitte), © Kasper, S. 83 (oben links), © Kluge, S. 62, © Lander, S. 52 (b links), © Mettelsiefen,
S. 57 (rechts), © Schindler, S. 16 (rechts), © Wiedl, S. 27 – Photothek.net: © Imo, S. 83 (Mitte) –
Picturepress: © Westermann, S. 52 (e links) – Plainpicture: © Chrobok, S. 52 (c links), © Grimm
S. 82 (unten rechts), © Usbeck, S. 10 (c) – © Schneider, S. 110 (Mitte, unten) – Suhrkamp:
© Goedhart, S. 51 (oben) – Superbild: © Willmann, S. 115 (oben) – © The Estate of Keith Haring
1992, S. 122 (Mitte) – Transglobe: © Stolt, S. 75 (oben rechts) – ullstein bild: © Klar, S. 52
(a oben); © 2002 Ullstein Buchverlage GmbH, Berlin, S. 36; ullstein: © Springer, S. 60 (b) –
Vario-press: © Unkel, S. 30 (Mitte) – © Visum, S. 83 – © Voigt/Mannheim, S. 50 – © www.erich-
rauschenbach.de, S. 35 – Xpress: © Limberg, S. 113 (oben)

Textquellen

© Associated Press 2004, Mirjam Mohr: „Kinder-Unis – Ein Erfolgsprojekt macht Schule",
S. 130 – © Atrium Verlag, Zürich und Thomas Kästner, Erich Kästner: „Kleine Stadt am Sonntag-
morgen", aus: „Gesammelte Schriften", S. 89 – © Badische Zeitung / Kaizl, S. 78 – © Ch. Beck,
München, 1982, Johann Wolfgang Goethe: „Erlkönig", aus: „Werke", hg. v. Erich Trunz, S. 88 –
© Diogenes Verlag, Zürich 2003, Loriot: „Die Jodelschule", aus: „Das Frühstücksei – Gesammelte
dramatische Geschichten", S. 193/194 – © Fischer Taschenbuchverlag, Frankfurt/M., 1983,